智能化时代
财务管理及其信息化

高旭峰 ◎ 著

吉林出版集团股份有限公司

版权所有　侵权必究

图书在版编目（CIP）数据

智能化时代财务管理及其信息化 / 高旭峰著.
长春：吉林出版集团股份有限公司，2024.6. -- ISBN
978-7-5731-5163-6
Ⅰ．F275-39
中国国家版本馆CIP数据核字第2024TC8323号

智能化时代财务管理及其信息化
ZHINENG HUA SHIDAI CAIWU GUANLI JIQI XINXI HUA

著　　者	高旭峰
出版策划	崔文辉
责任编辑	刘　洋
助理编辑	邓晓溪
封面设计	文　一
出　　版	吉林出版集团股份有限公司
	（长春市福祉大路5788号，邮政编码：130118）
发　　行	吉林出版集团译文图书经营有限公司
	(http：//shop34896900.taobao.com)
电　　话	总编办：0431-81629909　营销部：0431-81629880/81629900
印　　刷	廊坊市广阳区九洲印刷厂
开　　本	710mm×1000mm　1/16
字　　数	210千字
印　　张	13
版　　次	2024年6月第1版
印　　次	2024年6月第1次印刷
书　　号	ISBN 978-7-5731-5163-6
定　　价	78.00元

如发现印装质量问题，影响阅读，请与印刷厂联系调换。电话 0316-2803040

前　言

随着科技的飞速发展，智能化时代已经悄然来临，它正在深刻地改变着我们的生活方式、工作方式乃至思维方式。财务管理作为企业运营的核心环节，同样受到了智能化浪潮的强烈冲击。智能化时代下的财务管理，不再仅仅局限于传统的记账、核算和报表编制，而是向着信息化、智能化、自动化的方向发展，为企业提供更高效、更精准、更全面的财务服务。

信息化是智能化时代财务管理的基石。传统的财务管理方式往往依赖于人工操作，效率低下且容易出错。而在信息化浪潮的推动下，财务管理正在逐渐实现数字化转型。通过运用先进的信息技术，如大数据、云计算、人工智能等，财务管理能够实现数据的实时采集、处理和分析，进而为企业提供及时、准确的财务信息，帮助企业做出更明智的决策。

然而，智能化时代财务管理及其信息化的发展也面临着一些挑战和问题。首先，数据安全问题是信息化财务管理的首要挑战。随着企业数据的不断增加和复杂化，如何确保数据的安全性和隐私性成为了亟待解决的问题。其次，智能化财务管理系统的建设和维护需要投入大量的资金和人力资源，这对于一些中小企业来说可能是一个沉重的负担。另外，智能化财务管理系统的应用也需要财务人员具备一定的信息技术素养和数据分析能力，这对财务人员的素质提出了更高的要求。

智能化时代财务管理及其信息化是企业未来发展的必然趋势。它不仅能够提高企业的财务管理效率和质量，还能够为企业的战略规划和决策提供有力的支持。虽然在这个过程中我们可能会面临一些挑战和问题，但只要我们采取积极的措施来应对和解决这些问题，就一定能够促进智能化时代财务管理及其信息化的发展迈向更高的水平。

目 录

第一章 智能时代战略财务管理概述 ... 1
第一节 智能时代战略财务框架详解及智能增强 ... 1
第二节 元数据和大数据 ... 4
第三节 智能时代的预算管理新思路 ... 10
第四节 智能时代专业财务框架详解及智能增强 ... 16
第五节 电子发票助力管理升级 ... 20

第二章 智能时代业务财务创新实践 ... 24
第一节 智能时代业务财务框架详解及智能增强 ... 24
第二节 智能时代布局海外财务管理 ... 28
第三节 智能核算 ... 33

第三章 智能时代财务共享服务创新实践 ... 42
第一节 智能时代财务共享服务框架详解及智能增强 ... 42
第二节 集团财务共享服务中心建设的战略思考 ... 46
第三节 机器作业的数据前置准备 ... 53
第四节 RPA财务机器人 ... 58
第五节 人机协同 ... 65

第四章 企业智能财管的人员升级 ... 72
第一节 企业智能财务管理的团队搭建 ... 72
第二节 CFO能力要求 ... 79
第三节 财管人员职业规划 ... 88

第五章 企业智能财务管理技术 ... 98
第一节 大数据技术在企业智能财务管理中的应用 ... 98
第二节 人工智能技术在企业智能财务管理中的应用 ... 109

第三节　云计算技术在企业智能财务管理中的应用…………… 114
第四节　区块链技术在企业智能财务管理中的应用…………… 119

第六章　企业财务管理的智能升级…………………………… 124
第一节　企业财务框架的智能升级………………………………… 124
第二节　企业风控管理的智能应用………………………………… 126
第三节　企业发票管理的智能优化………………………………… 132

第七章　财务与会计信息系统维护…………………………… 134
第一节　系统维护概述……………………………………………… 134
第二节　系统的转换与初始化……………………………………… 135
第三节　财务与会计信息系统的操作权限维护…………………… 139
第四节　财务与会计信息系统运行维护…………………………… 141
第五节　数据的备份与恢复………………………………………… 145
第六节　计算机系统与网络安全维护……………………………… 147
第七节　财务与会计信息系统的二次开发………………………… 151

第八章　财务管理信息化理论………………………………… 155
第一节　企业财务会计信息化问题………………………………… 155
第二节　会计信息化与企业财务管理……………………………… 158
第三节　会计信息化下的财务会计流程优化……………………… 164
第四节　财务会计管理会计信息化融合…………………………… 169
第五节　乡镇财务会计信息化应用探究…………………………… 172
第六节　财务共享服务的管理会计信息化………………………… 175
第七节　中小企业财务会计信息化建设发展……………………… 178

第九章　信息化时代下财务会计工作创新…………………… 183
第一节　财务会计档案信息化管理建设…………………………… 183
第二节　会计信息化对企业财务管理的影响……………………… 187
第三节　行政单位财务会计工作中的信息化……………………… 189
第四节　企业财务管理受会计信息化的影响……………………… 192
第五节　信息化环境下财务会计改革……………………………… 195

参考文献……………………………………………………………… 201

第一章 智能时代战略财务管理概述

第一节 智能时代战略财务框架详解及智能增强

智能时代战略财务管理的各项工作内容都会受到新技术的影响,包括直接的技术影响,以及智能技术改变整个社会、经济形态后带来的间接影响。在这里,我们基于CFO基础能力框架进行详细讲解,并进一步谈一谈战略财务在智能时代会发生怎样的改变。

一、战略与业务

智能时代的到来对企业的经营将产生重大影响,各行各业在这个过程中都或多或少会被智能化所改变。或许你所在的企业会成为智能服务的提供商,或者成为智能技术研发的参与者,也可能在目前的业务模式中引入智能化工具,创新商业模式,提升竞争力。无论如何,智能化对企业未来的经营将会产生重要的影响,部分公司会在战略层面进行调整,也有一些公司会进行战术层面的适配。

战略财务要能够敏锐地跟上企业战略和经营变化的步伐,主动对公司的战略或战术改变提供支持,而非被动响应,在这场智能化变革中,战略财务的积极参与能够让我们赢得主动,更好地体现财务对公司战略和经营决策支持的价值。被动响应将使得财务无法与业务站在同一对话层次上,从而导致业务部门自行构建或弥补战略财务能力的不足。这一现象在信息化时代已经有大量的案例,但愿历史不会重现。

二、财会控制机制

首先,智能化对财务的影响是全面的。所以,财务的管理模式、流程体系、系统支持方式都会发生一定的改变。作为财务管理的支持保障,财务制度体系也必然受到影响。在制度体系层面,应当依据智能化对财务系统、流程带来的影响进行必要的完善和调整。

其次,内部控制方式会因智能化发生改变。智能技术能够加强内部控制能力,可以在内部控制体系中引入更多的智能化工具,更重要的是因为智能化的到来,内部控制环境会发生重大改变,更多的财务管理工作将基于大数据、人工智能的模式,对这些看不见的流程或财务管理工作如何实施内部控制,将成为新的课题。

而对于内部审计与稽核来说,智能化的影响最直接,在智能时代,人工智能将取代大量的财务操作人力,依靠算法的机器处理将取代依靠人的行为的业务处理,审计的范畴将从传统的审计向算法审计和IT审计转变。而在审计和稽核的手段上,基于大数据的远程稽核将成为主流模式。同时,企业依靠大数据监控,能够更早地发现风险线索,由传统审计与事后追责向事前预防转变。

三、价值管理

对于价值管理来说,大数据是智能增强的技术核心。在大数据之上辅以机器学习,能够挖掘出更多的智能增强场景。

对于产权管理来说,基于规则的初级人工智能以及大数据技术能够辅助进行产权风险管理,帮助我们在风险出现的早期更加及时地识别和防范风险。

对于营运资金管理和现金流量管理来说,大数据可以帮助我们发现更多的管理线索,且大数据结合机器学习,能够为企业经营提供更强大的预测能力。经营预测更可靠,将在营运资本和现金流量预测方面带来价值。

在并购价值管理中,借助大数据的相关性分析,能够发现更多可能提升并购价值的举措线索。这些管理线索有可能在最终的并购价值创造中发挥重要作用。

四、经营分析与绩效管理

智能化技术将对经营分析的视角和工具方法带来影响。从分析视角来说，传统经营分析所受到的数据的局限性将被打破。在大数据的基础上，能够从因果分析向相关性分析增强。由于数据的边界从企业内部延展到社会化数据，对于 KPI、经营分析报告、市场对标等职能都可能获得更加可靠的数据基础，从而对经营分析结果的可用性带来更大的帮助。

而在工具方法方面，大数据和云计算的结合应用将使得经营分析获得更加灵活和丰富的分析能力。二者的结合，能够为经营分析提供更加强大的数据采集、数据捕获和数据处理能力，使得经营分析的边界得到大大的延展。同时，大数据的非结构化数据的处理能力，也能够帮助企业经营分析更好地面对市场上与企业相关的热点信息的处理，将社会化媒体的信息纳入经营分析的视野。

另外，人工智能技术的发展，也将使得经营分析方法从经验分析向算法分析演变。这使得更为复杂的分析能够得以实现。同时，基于机器学习、算法的自我优化，能够使得经营分析能力实现持续的提升。

五、全面预算管理

首先，在经营计划、预算编制过程中，智能化技术能够发挥重要的作用。由于经营计划和预算编制是资源配置的过程。因此，资源配置的方向、权重是否合理是预算编制结果能否发挥价值的重要评价标准。大数据分析能够帮助验证业务部门在资源投向上所讲故事的真实性，能够展开更为清晰的资源投向和业绩达成的相关性分析，进而使得财务有能力对资源配置投向进行评价。

其次，在预算预测的过程中，能够基于大数据、机器学习等方法构建更为复杂和完善的预测模型，能够展开大量复杂场景下的敏感性分析。这使得预算预测的可靠性和对未来复杂不确定性的预判能力都能够得到更大的提升。而现在，让人更加期待的模拟技术正在出现，引入人工智能的虚拟商业生态系统能够让未来的预测建立在与真实社会相仿的现实模拟环境中。比如在拟真的环境中投放广告，设置不同的预算投入，模拟用户的真实反映，评价预算的投入效果等都可以在未来的某天成为现实。

在初级人工智能阶段，预算的执行与控制能够基于所植入的更加复杂的规则来进行。在机器学习下，预算的执行与控制模型或算法能够基于所设定的控制目标，由人工智能来进行持续的完善。而在传统模式下，因为人力所限，无论是对控制规则的设计还是对控制过程的管理都被约束在一定的范围内。基于机器学习的预算执行与控制将能够提供更丰富的控制逻辑，在不同的场景下选择差异化且更合适的控制机制，实现预算的柔性管控。

第二节　元数据和大数据

谈到经营分析，大家的脑中会立刻闪现出一群把 Excel 用到极致的数据达人再复杂一点的，各种炫酷的仪表盘展现在我们的眼前，传统的经营分析是建立在有约束的技术条件之下的，对财务人员的经营分析技术有着较高的要求，而即使信息系统能够提供支撑，在传统的财务信息化环境中，经营分析结果对业务的决策支持能力也始终存在局限性。

在大数据技术兴起后，给人们直观上的感觉是经营分析应该能够有更加复杂和丰富的应用，但大数据技术具体是如何与经营分析这一传统的财务管理业务领域发生化学反应的，这个问题一直困扰着我们。与此同时，也很少有人去探究经营分析中我们所依赖的指标、数据的本质形态。这里笔者想从一个在技术领域应用比较广泛，而财务人员罕知的概念"元数据"说起，再结合大数据技术，基于更大的技术场景来谈一谈经营分析。

一、经营分析的概念框架

在具体展开元数据和大数据的话题之前，我们有必要来看一看目前大型企业是怎样搭建经营分析体系和框架的。用一个房子来描述经营分析的框架，可以包括地基、砖瓦、装修和物业管理，分别对应于经营分析的数据基础、指标体系、报表展示以及维护机制。

1. 数据基础——房子的地基要扎实

盖房子首先要打地基。对于传统经营分析或者财务分析来说，地基是数据，经营分析人员通过各种渠道获取各种各样的数据来展开分析。如果企业中已经建立了数据仓库和数据集市，那么恭喜这些经营分析的幸运儿们，在这样的地基上盖房子还是比较靠谱的。而如果数据分散在大量独立的系统中，甚至是各层级、各类人员的 Excel 表中，那么就要小心了，你可能在用沙子打地基，盖起来的房子就可想而知了。

在经营分析体系中，要建立一个好的数据地基需要企业对数据仓库、数据集市有清晰的规划和设计，对数据的定义、标准、来源和采集有清晰的业务逻辑。当然，数据仓库和数据集市都是数据的载体，要想避免数据垃圾的产生，系统本身的数据质量需要有所保障。而这种数据质量的保障能力来自于前端业务流程和信息系统的有效搭建与管理。

站在财务的角度，还必须要提到三套数据，它们是经营分析的重要数据基础。一套来自于事前，我们称之为"预算"；一套来自于发生后的记载，我们称之为"核算"；还有一套来自于事后的深加工，我们称之为"管理会计"。将这三套数据与经营分析进行有效对接，对于提高经营分析质量有很大的帮助。

2. 指标体系——房子的砖瓦要规矩

有了地基要盖房子，靠的是一砖一瓦。在经营分析框架中，指标体系就是房子的砖和瓦。那么什么是指标呢？指标是一种衡量目标的单位或方法。当我们进行经营分析的时候，会围绕企业经营目标来设定一些衡量标准，通过这些衡量标准能够评价经营结果是否达到了所设定的目标，从而帮助我们进一步提升企业经营管理能力，这就是经营指标。

对于经营指标来说，美国的关键绩效指标权威专家戴维·帕门特将它进一步划分为"成果指标"和"绩效指标"。引入"成果指标"的概念，是因为许多评价指标是几个团队输入成果的总和。这些指标在衡量各个团队共同的工作效果时很有用，但不能帮助管理层准确地定位和解决问题，管理层很难准确地查明哪个团队出了成绩，哪个团队未履行职责。而绩效指标能够解决这个问题，并能更加精准地定位问题。例如，一个没有进行多维度切分的利润指标在其看来就是典型的成果指标，并没有反映为利润做出贡献的各个团队的绩效情况。

而在实践中，我们似乎很少进行这样的区分，往往笼统地使用关键绩效指标来进行指标体系的搭建，对于一个指标体系来说，可以引入"基础指标"和"衍生指标"的概念。基础指标是难以拆分和细分的指标，而衍生指标则是基础指标的运算组合。使用这样的概念，通过优先搭建和系统化基础指标体系，再扩展衍生指标体系，能够帮助我们快速地搭建一个复杂的指标体系。

此外，对于指标，通常会使用"指标树"的形态来进行展示。这也是构建指标之间逻辑的一种方式。我们还需要了解指标"名称""维度"及"值"的含义，这些在后面元数据的概念中再进一步解释。

3. 报表展示——房子的装修要舒适

当构建好经营分析的指标体系之后，就可以搭建房子的主体了，而要使这些指标对经营发生作用，仅仅是盖个毛坯房是不够的，还需要进行精装修。这个装修的过程，我们可以理解为报表构建和展示的过程。好的装修要让业主住得舒服，好的报表展示，要让管理者能够清晰、快速地抓住重点，发现问题和解决问题。

事实上，报表就是将各种指标的不同层级维度交叉组合起来进行应用的产物。因此，在搭建报表体系的时候，我们要先搞清楚业主，也就是经营管理者到底需要看到什么，在明确需求后，选取能够说明问题的指标，并匹配和管理对象相关的维度信息后进行组合展示。此外，在报表的指标组合中，我们还需要经常用到使用说明来解释指标，通过这样的方式搭建报表是靠谱的。而笔者也见过不少不靠谱的经营分析报表，搭建的时候完全没有指标和维度的概念，也没有关注管理者的需求，这样出来的报表如果有充分的经验支持，可能还具有一定的价值；否则，往往带来的是信息垃圾。

而有了报表后，经营分析报告也就容易出具了，但必须要注意的是，简单罗列报表的报告是初级水平的报告；能够看透数字的表象，深入数字背后分析深层次的问题，才是有附加价值的报告。

4. 维护机制——房子的物业要靠谱

当我们把整个房子都收拾好了后，还需要有一个靠谱的物业。经营分析这个房子的管理和维护并不是那么简单、容易的，无论是数据、指标的维护，还是报告的过程和归档管理，都需要有一套相对可靠的机制。

在通常情况下，企业会有经营分析部门，这个部门既有点战略的味道，又有些财务的意思。所以，在不同公司，这个部门的归属也并不相同，甚至还有不少发生过变迁。而在经营分析部门中，要建立起这样一套维护机制，首先需要有数据维护和管理团队来解决地基的问题，然后需要有指标管理团队来进行指标的日常增删改的维护，还需要有报表团队来进行常规报表和临时报表的编制及发布，而最后还需要有绩效管理团队来深入展开经营分析，并进行绩效的考核管理。在整个过程中，无论是组织、人员、流程、制度还是系统都是不可或缺的。而这些共同构成了这套体系的维护机制。

当具备了以上这些条件后，经营分析框架就能够构建起来了。事实上，今天很多从事分析工作的朋友尚未在认知上构建起这一套框架体系，这对于提升经营分析和决策支持能力会带来局限和束缚。而下面我们还要在这套可以称之为既传统又主流的经营分析框架的基础上，进一步深挖经营分析的本质和未来，即元数据和大数据。

二、元数据经营分析的本质

说到元数据，可能很多财务朋友并不清楚这个概念。其实，在生活中到处都充斥着元数据，如果明白这个概念，在解释很多问题的时候，将会有不一样的思考方式，如涂子沛说"弄懂元数据，甚至是打开整个信息科学体系、复杂数据世界的钥匙"，笔者认为，可以使用元数据的概念来进行经营分析本质的剖析，这对于我们深入思考经营分析，并进一步借助信息化、智能化技术展开经营分析都有着不小的益处。

1. 什么是元数据

从定义上说，元数据可以理解为"数据的数据"。这听起来有点烧脑，让我们举个例子来说明一下。

当我们拿到一张照片的时候，把这张照片当作一个数据，如果没有一套方法，将很难清晰地描述这张照片，但如果打开这张照片的 EXIF 记录信息，就能够看到很多信息，比如拍照的时间、相机型号、光圈、快门、ISO 等。这些信息都是从某些特定的角度来解释这张照片的，我们可以把它们称之为照片这个数据的元数据。而实际上，对照片的描述除 EXIF 信息外，还可以从照片的内容展开，比如这是一张人像照片、开心的照片等。同样，这也是照片这个数据的元数据。

实际上，应用元数据的场景非常多，比如图书馆的藏书信息卡、在线视频应用里的视频描述、网络中的网页地址等都可以用元数据来表达。

2. 元数据有哪些特点

首先，元数据是结构化的。如何理解呢？其实在大数据时代，人们都非常热衷于谈论非结构化数据，但忽略了这些非结构化数据在技术层面是怎样被应用起来的。如我们容易理解的，一张图片是非结构化数据，但这张图片是可以被元数据这种结构化数据所描述的，这就给我们借助元数据来理解和应用非结构化数据提供了可能。

其次，元数据是与对象相关的数据，如以一张照片作为对象，那么描述这张照片的元数据与该照片具有相关性。但需要注意，潜在的用户不必先完整地认识对象的存在和特征，也就是说，可以使用盲人摸象的方式，借助元数据慢慢地去了解对象。就像这张照片，我们可能第一次获得的元数据是 EXIF 信息，即从摄影的角度获取这张照片的信息，而进一步我们可以了解与这张照片内容相关的其他元数据，从而从另一个角度获取照片信息。

再次，元数据不仅能够对信息对象进行描述，还能够描述资源的使用环境、管理、加工、保存和使用等方面的信息。同样还是以照片为例，元数据可以告诉我们这是一张网络图片，存储在什么样的服务器上等信息。

最后，元数据常规定义中的"数据"是表示事务性质的符号，是进行各种统计、计算、科学研究、技术设计所依据的数值，或者说是数字化、公式化、代码化、图表化的信息。当然，我们也可以将文字理解为某种形式的编码数字。

3. 经营分析和元数据

终于到了核心话题，经营分析和元数据有怎样的关系呢？实际上，经营分析在多个层次上和元数据都会产生关联。

首先，我们可以看到，构成经营分析的地基是数据，而元数据作为数据的数据，能够用结构化的方法帮助我们描述和标准化基础数据。构建数据仓库过程中的数据字典，从某种意义上讲就是元数据。清晰的数据字典，能够让我们更加有效地管理数据仓库。而从经营分析管理需要的角度来说，我们希望所有进入经营分析体系的数据都能够使用元数据进行充分的结构化描述。

其次，在砖瓦的层次——指标体系上，元数据也发挥着重要的作用。如我们前面所谈到的，指标的结果最终会反映在数值上，而针对这个数值，我们用指标名称、编码、指标的维度、维度值等对这个数值（即数据）进行了描述，而这种描述就是元数据。所以，我们认识到，指标体系是在经营分析层次中架构在基础数据之上的第二类重要的元数据。

最后，我们再回到经营分析的中心点——经营活动上。我们为什么要做经营分析呢？实际上是要对经营活动展开多种视角的评价，评价的标准是经营活动是否达到了我们在开展经营活动之初所设定的目标。而 KPI 正是我们多视角评价经营活动的结构化描述，也可以理解为经营活动评价的元数据。

到这里，不知道你是否意识到，经营分析本质上是由一层一层的元数据所构成的元数据世界。那么，这对我们有什么样的价值呢？

始终可以将经营活动分解到最底层的元数据；

管理好元数据，就能管理好整个经营分析体系；

管理好元数据，可以用统一的逻辑思维、技术方式（如元数据可以帮助业务用户更好地理解数据仓库，元数据独立于技术平台，无论使用什么技术平台，元数据都不改变，从而支持需求变化和数据可移植性等）。

三、大数据与经营分析

讲完了元数据，相信大家都能够感受到使用元数据的概念去解释经营分析与在传统模式下看待经营分析的差异。下面我们再进一步引入大数据的思维方式来看一看。

在传统的经营分析模式下，我们需要找到用于评价经营活动的元数据，也就是指标体系与经营结果之间的关系。通常，如果我们看到指标与经营结果具有显著的因果关系，那么就会把这样的指标考虑纳入关键绩效指标（KPI）中来进行管理。但问题在于，这些指标的定义和发现往往是基于经营分析以及因果分析所得到的，这种逻辑上的强绑定关系具有一定的局限性。

事实上，影响经营分析结果的不仅仅是存在显著的可见因果关系的因素，还存在相关但无法解释显著因果关系的因素，这在传统模式下是难以解决的。

大数据的出现，让我们有可能打破思维能力的约束。基于大数据技术，我们能够从因果关系突破到相关关系。通过大数据分析，我们能够发现一些没有显著因果关系的因素同样对经营活动产生了显著影响，这些因素称之为"相关性因素"。将这些因素定义为关键绩效指标，能够帮助我们实现提高经营活动成果的目的。

指标用于评价经营活动，同时，也有非因果关系的因素在影响这些指标，这又构成了第二层次的相关关系，我们发现原先所搭建的经营分析的元数据世界发生了延展，各个层级的元数据都有一些非因果关系，而相关的新元数据的出现，使得我们能够更加真实地架构经营分析框架，并有效指导经营结果的改善。

当然，在技术层面上，财务人无须思考元数据和大数据该如何结合的问题，这样的烧脑问题还是交给工程师来解决吧。

第三节　智能时代的预算管理新思路

在战略财务的框架下，全面预算管理一直是不容忽视的范畴，但其在企业经营管理中所发挥的作用却饱受争议。

如杰克·韦尔奇在《赢》中所表达的："在许多公司里，制定预算的程序是经营中最缺乏效率的环节，它吞噬了人们的精力、时间、乐趣和组织的梦想，遮蔽了机遇，阻碍了增长。"也因此，杰克·韦尔奇进一步提出了超越预算的概念，关注如何战胜竞争对手，如何超越过去的业绩。而稻盛和夫也在《经营与会计》一书中谈到对预算的看法，他认为："本是为了实现计划中的销售额的增加，才花费用的，销售额需要随费用的增加而增加，结果却做不到，只有费用在增加。"

无论是杰克·韦尔奇还是稻盛和夫，他们对预算不足之处的看法都直指本质，即预算在资源配置上的可靠性、预算和经营结果达成的相关性两个问题。

在这里，我们也将重点就这两个问题来谈一谈，如何通过利用大数据技术改善预算工作。

一、预算管理就是资源配置

我们如何看待预算呢？预算实际上是一种对企业资源的配置方式，当股东设定了经营目标后，业务单位要达成这些经营目标就需要匹配相应的资源。如果从契约的角度来看，把预算作为一种契约，那么一方是企业的股东，另一方是企业的经营者。资源本质上属于股东，业务单位作为经营者向股东承诺经营目标，而股东向经营单位承诺支持其实现经营目标所需要的资源。当然，当经营目标达成后，还有相应的绩效激励，这又是另一层次的契约关系。

所以，在企业进行预算管理的过程中，预算编制的核心是提出股东和经营单位都能够接受的资源配置方案，也就是在经营目标承诺和资源承诺上找到平衡。那么预算要考虑哪些资源分配的问题呢？企业经营无外乎"人、财、物"三件事情，资源配置也可以理解为人力配置、财务配置和资产配置。

不知道还有多少人记得微软的一款名为《帝国时代》的游戏。很多年前，这款游戏让笔者有了最为直接的"资源配置影响目标达成"的概念。在这款游戏中，对人、财、物的配置将直接影响最终战局的胜负。在游戏中，人口是有上限的，将人口合理地配置于农民、猎人、伐木工、矿工、各种兵种极其重要。特别是在游戏的开局期间，人口而对于物品和财务来说，木材、食物、石头、金子的分配将影响经济和军事的走向及时间进程。整个游戏在很大程度上就是一个资源配置，或者说是通过预算来支撑战略目标实现的过程。

企业中的经营管理也是一样的，合理地配置人力、财务以及资产资源，是企业战略目标得以实现的重要保障。

二、资源配置的难题

想做好资源配置，并不是说说那么简单，那么在进行预算，也就是进行资源配置的过程中会遇到怎样的问题呢？我们能够看到四个方面的问题。

1. 契约双方的信任问题

和所有的契约关系相似，资源配置同样要解决资源所有者和资源使用者之间的信任问题，资源所有者追求的是资源投入产出结果的最大化。因此，在投入资源时会高度关注产出的结果，并要求获得资源接收方的绩效承诺。同样，对于资源使用者来说，也需要在承诺绩效目标后获得必要且及时到位的资源支持，避免在资源不足的情况下进行经营，而最后为不良绩效结果担责。当然，对于资源所有者来说，最常见的还是担心经营单位存在道德风险，比如经营者是否会通过虚构经营目标或过度承诺，以获取资源满足其短期利益目标等。

2. 资源配置的标准问题

那么应该采用怎样的标准来进行资源配置呢？在实际的预算过程中，资源配置标准的形成并不容易，太多的因素会挑战所设定的标准。而一旦无法形成相对清晰的标准，资源配置的过程往往就会成为一个谈判的过程，很容易陷入缺乏逻辑的拉锯战中。

笔者还记得早些年参加过某公司的一场预算答辩，CIO 在向总裁要资源的时候说"你只要给我三千万，我就能把 IT 对外服务做成，你不用管我这三千万是用到哪里去的"。当然，资源配置的标准可以简单，也可以复杂。简单的标准可以依据承诺（目标），基于比例模型直接给出资源承诺；而复杂的标准则需要明确经营目标达成的各项驱动因素，并为每项因素细分动因，并最终从经营计划的角度来设立资源配置标准。

3. 资源配置的效率问题

资源配置的效率一直是企业预算管理活动中很头疼的一件事情。在预算的全过程中存在太多的博弈。很多公司从九十月份开始启动预算编制工作，直到来年的三四月份才能完成预算的定稿。而在月度的资源配置活动中，如果缺少高效的系统支持，很多公司根本难以做到精细化的月度资源配置管理。在这种情况下，月度预算往往成为年度预算下简单的"按月分解"。

4. 资源配置的效果检验问题

当完成资源配置后，就会从讨价还价的博弈循环进入承诺兑现的博弈循环。在这个过程中，对于管理者来说，最困难的是如何验证资源投放的效果和达成情况。虽然我们说最终的经营绩效指标能够反映出经营单位的绩效达成情况，但在过程中，基于任务、项目等设立的资源配置标准往往很难立刻通过财务或数字验证其实现的效果，而此时又经常需要启动基于此次项目任务进一步延展的后续资源投入，这对管理者来说需要面对是否去进行"前款未清，借后款"的管理决策。

三、大数据资源配置：抓热点，抓相关性

当我们认识到资源配置的难点后，就一直在试图寻找解决这些问题的方法，而预算管理的理论、方法和工具在这一过程中得到丰富和完善。

在契约双方的信任关系方面，一些公司试图通过签订绩效承诺书来保障契约关系；在资源配置标准方面，一些公司通过设定模型的方法来总结提炼预算标准；在资源配置效率方面，一些公司通过建立预算编制系统来优化编制流程；而在效果检验方面，一些公司选择刚性的"以收定支"。但我们也不得不认识到，在传统方式下对资源配置管理的优化终将达到瓶颈，要实现突破，需要找到新的契机。而大数据恰恰在这一方面带来了新的机会。

1. 热点驱动资源投放

所谓的热点驱动就是在保持经营目标相关性的前提下，哪里吸引眼球，哪里有热度，哪里需要资源，我们就将资源投放在哪里，但在传统财务模式下要做到这一点是非常困难的，如果仅仅凭借我们对市场的经验感知，那么是很难在经营活动中进行管理决策的，而大数据技术为解决这一问题提供了新的可能。我们不妨通过这套逻辑试着来做预算编制。

（1）制定经营战略

首先，和传统的预算编制模式一致，在编制预算之前，必须明确企业的战略导向，这从根本上决定了要不要投放资源、在哪里投放资源和怎么投放资源。当然，在这个层面上，战略很可能是相对宏观的，它更多的是未来一段时间内大的经营方向和经营策略，我们无法直接基于公司的战略来展开更为清晰的预算，也就是资源配置工作。

（2）分析战略热点

如果要想更好地衔接战略与资源配置，就必须更清晰和细化地拆解战略，也就是形成战略热点。当然，这里所说的热点，和后面要谈到的基于大数据分

析的热点是有所不同的，还需要依靠企业的管理经营者对企业所设定的战略目标进行细分，从管理逻辑层面定位战略在落地时需要重点关注的目标。例如，企业将智能化发展作为核心战略时，需要在技术、产品、客户、渠道等多个方面来发现其战略热点，如在产品方面定位为无人驾驶技术，在客户方面定位为女性出行者（不要当真），在渠道方面定位为自营门店等，这些热点将为后续的资源配置起到一个大方向的支撑作用。

（3）基于大数据发现经营热点

在有了战略热点后，我们仍无法有效地从管理角度进行资源配置。事实上，经营单元在战略热点明确后，就已经对需要做什么、大概需要多少资源有了一个初步的概念。很多时候，经营者就会基于这样的一个概念开始和管理层讲故事了。在传统模式下，我们通常对这样的故事只能选择"信"或"不信"，当然，如果故事中间的逻辑线索相对清晰，可能更容易获得管理者的信任，并获得资源。而如果在这个时候引入大数据分析，则可能会对传统的资源配置模式有所改变。战略热点是大数据分析的基点，从这个基点出发，我们可以构建两个热点分析模型。

在被动模型下，需要经营单元基于战略热点进行经营热点的主动设计，模型要做的事情是基于企业内外部大数据，对经营热点与战略热点的关联热度进行分析。在主动模型下，以战略热点为出发点，基于内外部大数据，发现与战略热点分层次的关联市场热点，将关联度高的市场热点纳入经营热点中，也同样作为资源配置的对象。

（4）基于经营热点进行资源投放

通过这样主动与被动的热点分析，我们能够建立以战略热点为圆心的经营热点辐射地图，并以这个地图的辐射半径为标尺展开资源配置，接近圆心的经营热点需要投放更多的资源。在具体确定资源投放额时，我们可以以战略热点构建资源池，将资源首先投放到战略热点资源池中。以经营热点为项目，向战略资源池申请资源。在资源申请的审批过程中，我们可以引入热度评估，优先将资源投放到高热度的项目中，进而避免发生先到先得、抢资源的情况。

（5）资源的兑现使用

所谓资源兑现，就是契约双方基于预算事项实际发生的费用。在实践中有两种兑现方式，一种是把钱先花出去，目标是否达成后续验证；另一种是用之前的存量资源先把事情干了，根据目标的达成情况再批准可以获得多少可用资源干后面的事情。实际上，这两种方式都存在一定的问题。前者建立在管理者对执行者信任的基础上，而一旦承诺的经营目标没有达成，就会损害管理者的利益；后者的根本逻辑是管理者并不信任执行者，要求其先拿自己的银子干事情，事情干成了，再回来报账，这种方式对于执行者来说也并不公平。而当我们引入经营热点作为资源投放依据后，信任问题得到了一定的缓解，使用第一种方式进行资源兑现就会更可行且合理。

2. 资源投向和业绩达成的相关性分析

大数据除了在预算编制阶段能够发挥重要作用，在预算分析阶段也能够有所建树。在传统预算分析下，我们很难去评价每个类似于项目经营计划、经营方案和经营结果之间的达成关系。在通常情况下，对于一个经营单元，如果它的业绩不错，超出了预先设定的考核目标，大家就会觉得它花的所有银子都是值得的；反之，如果考核目标没有达成，那么它花的所有银子可能都会受到质疑。

但实际情况是，所用掉的资源有些对经营目标起到了正贡献，有些则发生了副作用。而无论最后考核结果如何，这种正负作用都是存在的，只是说谁的力量更大一些罢了。

当引入大数据来辅助预算分析后，情况可能有所改观。通过构建模型，我们可以试图创建每一个能够项目化的资源投入与经营结果之间的量化关联度指数。要做到这一点，并不是简单地做一个数学模型，而是需要将所有项目进行元数据化，同时把经营结果也元数据化，并建立起项目元数据与经营结果元数据之间的关系网络。我们需要监控这个关系网络中每一个项目发生资源投入时，通过元数据关系网络链接的经营结果发生变化的强度，并最终将这些变化强度归纳为关联度指数。

有了这样一套关联度指数，我们就能够精确评价资源投放的效果了。在这种情况下，我们能够更好地积累经验，更加有效地评价绩效，并优化未来的资源投放策略。

当然，以上关于大数据在资源配置方面的应用还停留在笔者的设想阶段，有待实践进一步验证。但无论如何，大数据时代的资源配置是有可能迈出这一步的，只是时机和力度的问题。

第四节　智能时代专业财务框架详解及智能增强

之前我们就 CFO 能力框架中的战略财务进行了专题介绍，这里是 CFO 基础能力框架所展开的第二个部分——专业财务框架。专业财务的发展可以说是财务框架几个模块中最成熟的部分，是企业财务管理的基础。也就是说，没有战略财务、业务财务和共享服务都是可以的，但如果没有专业财务将会导致整个财务体系无法运转。当然，成熟的背后也意味着更大的提升空间。下面我们遵循和战略财务框架同样的逻辑，先对框架内容展开详细的解释，然后再对每个模块如何进行智能增强进行探讨和说明。

一、会计与报告管理

会计与报告在传统的会计电算化、财务信息化过程中一直是重要的建设领域。在早期，财务的各项信息化工作也都是从这个领域开展的。但是由于多数企业在一开始就创建了核算系统，且成为后续建设的各类财务系统的对接对象，会计核算系统往往在建成后很长时间难以发生质变，这不仅是个体企业的情况，也是整个行业的情况。

智能时代的到来，对各类财务信息系统都提出了改变的要求。同样，对会计与报告管理领域也有影响，给这个传统领域的信息化提高带来了契机。

首先，业财系统的高度集成将对会计交易处理的自动化和一致性带来重要的帮助。但是不同的业务系统分别进行会计规则的转换将带来较大的管理复杂性。统一会计引擎的出现，能够帮助我们将会计规则的转换架构在一套灵活、可配置的系统组件之上。不同业务系统的输入将可以基于统一平台，完成规则转换和凭证制证，进一步提升会计交易处理的可靠性。

其次，基于机器学习技术，能够考虑实现智能报告。将会计报告交给人工智能来处理并非不可能，现在的人工智能写出的市场研究报告，已经让人难以区分背后是资深研究员还是机器。基于相对结构化的报告范式，再加上人工智能基于市场反应的润色学习，智能报告或许对股价的提升会越来越有帮助。

而区块链技术，基于分布式账簿所带来的高可靠性，能够帮助我们解决传统业财对接模式下的业务交易记录与会计记录不一致的问题。同时，对于内部往来和关联交易，区块链技术同样能够发挥作用。基于各交易方所构建的分布式账簿，能够将交易同时在交易各方实现记载，减少其被篡改的可能性，这对解决内部往来和关联交易的核对、加强一致性有着重要作用。

二、税务管理

对于税务管理的智能化支持来说，监管单位——税务部门更早地采取了行动，"金税三期""千户计划"的背后都是大数据的影子。对于税务部门来说，其数据具有先天的不对称优势，使得其有条件先于企业展开税务的大数据应用。而基于企业间的数据分析，也使得税务稽查能力得到大幅提高。而在大数据应用上，税务部门也在试图从其可控的税务数据以外获得更为广泛的社会数据，并应用在税务监管中。

而对于企业来说，需要借鉴监管部门的管理思路，基于企业自身的数据，以及可获取的社会化数据，在一定程度内对企业内部应用大数据开展税务风险的预先排查。当然，受到数据基础的限制，企业与监管部门相比，可能会有所不足。

而事实上，与监管部门之间发票数据的对接、电子发票的应用，对于提升企业内部基于流程的报账处理、操作风险管理都可能更具价值。如增值税专票及普票数据的对接，能够帮助企业简化发票真伪查验、发票认证的流程，对电子发票的应用能够大大降低企业的开票成本，也方便了进项报销的处理。

三、资金管理

对于资金管理来说，智能化的影响主要体现在对资金交易的安全性和核对一致性方面、跨境外汇交易效率的提升及成本降低方面，以及对资金计划、流动性风险管理预测等能力的提高方面。

首先，对资金管理影响比较重要的智能技术是区块链技术。基于去中心化的分布式账簿，能够构建起企业集团级的区块链清结算平台。基于区块链原理的交易记账，能够有效提升资金交易的安全性和效率，并能够解决资金清结算中的交易核对和一致性问题。而在一国社会范围内的区块链金融的发展，能够更好地提升企业间、企业与金融机构间、金融机构间的资金交易的安全性和效率。当然，在实践中，我国基于互联网、移动互联技术的资金交易模式的痛点并不显著，更有价值的应用体现在跨境交易上，对跨境交易的时效性长、成本高、依赖性强的痛点的解决能够让区块链技术体现出更大的价值。

其次，大数据技术的应用，能够帮助我们更好地展开资金计划管理。企业通过自身数据的积累，以及对企业构成资金需求影响的风险数据的监控，能够更为弹性地展开资金计划预测，并实现资金计划的动态滚动预测。同时，大数据能够借助对风险"加速度"的发现和监控，在更早的阶段发现流动性风险、资金安全风险等，帮助企业更好地展开资金风险管理。

四、合规管理

在合规管理方面，可以考虑应用大数据技术进行舆情监控。针对企业所在行业同业监管的舆情动态、下级机构的监管实践动态与公司监管相关的社会信息动态各方面的信息，对监管部门可能的监管行为或监管政策的发布等，提前做好预判和预案准备，借助大数据技术，化被动为主动。

在监管信息的报送方面应当考虑建立起与监管系统之间的对接，从而保障报送信息的可靠性与时效性。当前，国内监管部门对XBRL（可扩展商业报告语言）在监管信息报送方面的应用，持相对积极的推动态度，企业可以基于XBRL进行相应的信息转换系统的建设，提升信息报送的信息化水平。

五、管理会计

管理会计的应用十分依赖信息系统的建设情况。在通常情况下，管理会计需要处理相对大量的数据，如缺乏信息系统的支持，就很难实现日常的机制化运转。但在传统模式下，管理会计支持系统的运算性能存在瓶颈，在性能难以支持的情况下，需要通过简化业务逻辑的方式来满足性能的要求。

实际上，从多维数据库的出现开始，管理会计的性能已经得到了很大的改善。在传统模式下，关系数据库严格按照三范式设计，通过多次表连接实现查询，对于大数据量的处理,非常费时,且性能较差、开发周期长、成本高。而多维数据库则以事实表为核心,由多个维度组合而成,结构简单、容易理解、开发相对容易,但却导致出现很多冗余,多维数据库属于使用空间换取时间的解决方式。

随着智能化的到来,管理会计将更多地从技术性能方面获益。针对管理会计最大的痛点——运算性能不足,在物理架构、硬件等方面的技术进步能够使得这些问题有所缓解。基于云计算架构搭建的多维数据库,或者直接使用内存数据库来进行相关的管会数据处理都有优化数据性能的机会。

而另一方面,大数据技术架构的发展,也为使用如 Hadoop 等大数据平台来解决多维数据处理问题提供了新的技术思路。如 2011 年谢超在《程序员》杂志中的《大数据下的数据分析平台架构》一文中提到:"Hadoop 可以支持一个巨大无比的 Cube(多维数据立方体),包含了无数你想得到或者想不到的维度,而且每次多维分析都可以支持成百上千个维度,并不会显著影响分析的性能。"

六、成本管理

在智能时代的管理创新中,成本管理不妨在成本费用的前置管理方面下更大的功夫。在传统财务模式下,对成本费用的管理很难做到事前管理和深度管理。在智能化大环境下,与业务场景紧密相关的信息系统更加支持成本费用的前置管理。如以差旅费、会议费管控为核心的前端商旅服务、会议服务管理,以车辆费用管控为核心的车联网系统的应用,以采购成本管控为核心的类电商采购平台的应用,这些新兴信息系统的涌现,对于财务更好地管控成本费用都发挥了重要作用。

另外,物联网技术的发展,使得我们对人的行为、事项发生的过程、材料、产品、采购资产流转的跟踪都有了更加细化和清晰的视野。基于物联网数据的采集和分析,让我们能够站在新的分析视角和高度来管控成本费用。结合大数据的应用,能够获得更直接和有用的成本费用管理举措的线索,并将其付诸行动。

七、财务风险管理

通过智能技术，能够从事前、事中、事后三个层次防范财务操作风险。

从事前防范角度来看，在传统模式下，我们所构建的KRI体系是基于经验和分析的，但这种构建方式可能存在认知完整性的缺陷。基于财务业务流程中大量的交易，以及现有模式对于风险事件的发现，能够通过机器学习方法发现新的KRI规则，从而补充和完善现有的KRI体系，加强对事前风险的防范能力。

从事中控制角度来看，基于经验的规则系统化，能够实现初级人工智能的应用，通过大量的规则，能够发现财务交易中的潜在风险事件，并能够对一些风险事件进行直接拦截。另外，基于数据积累，能够对每一笔单据进行风险分级，针对不同的风险等级配置不同的控制流程，从而提升风险管控能力。同样，基于经验的规则积累，能够借助机器学习技术进行持续的训练优化，持续提升风险控制能力。而基于企业内外部大数据的积累和挖掘，能够建立更丰富的单据风险分级规则模型，使得单据的风险分级更准确。

从事后分析角度来看，能够创建起不同类型的分析模型以发现风险线索，如基于决策树的模型、社交网络的模型、聚类分析的模型等。这些模型的构建，能够帮助我们在事后进一步进行操作风险审计和问题发现，通过跨交易单据的分析，发现更为广泛的风险线索，并基于风险线索进一步发现和解决问题。同样，大数据和机器学习有助于我们持续完善各种分析模型的规则，进而提升风险线索发现的精准度。

第五节 电子发票助力管理升级

电子发票是近年的一个热点话题，也一直是财务人关注的焦点。在这一节的标题中，笔者用了"迟到的进步"的表述，其背后有两层含义：一是电子发票在国内的出现是迟到的；二是在国内开始推进电子发票后涉及的技术是迟到的。在这个大背景下，下面来探讨一下在电子发票中大家关心的几个话题，希望对实务有些帮助。

一、电子发票的发展现状

首先来看一看电子发票在国内是如何发展起来的、目前的现状如何，以及在实务中我们面临了哪些困难和挑战。

1. 电子发票的前世今生

正如前面所谈到的第一层"迟到"的含义，电子发票在我国的出现是远远落后于全球实践的。美国从20世纪60年代末开始使用EDI（电子数据交换），2013年强推电子发票。2003年欧盟出台了《电子发票指导纲要》，提出要求建立欧盟统一的电子发票系统。因此这么看下来，国内的电子发票建设从进程上来说是迟到的。

那么，国内的电子发票是怎样发展起来的呢？实际上，在电子发票正式落地前，有一个很重要的过渡时期，即网络发票时期。听到这个概念的时候，大家很容易误解，把它当作电子发票，其实网络发票更多的是提供了一个网络化的发票管理平台，在这个平台上能够进行纸质发票的申领、开具管理等。其实质是把纸质发票的管理过程网络化了。虽然这和电子发票是两码事，但对后续电子发票的诞生从观念的转变上起到了很好的铺垫作用。

2. 电子发票在开票方这里不是问题

电子发票启动后，最积极的是开票方（销售方）。首先，从动机上说，电子发票对开票方是非常有益的。对于零售行业、服务行业、金融行业的企业来说，开具纸质发票一直就存在不少问题，比如需要进行纸质印刷、需要进行发票配送等操作和成本问题。而对于电商来说，尤为如此。因此当电子发票出现后，大家呼声一片，非常积极地加入了变革中。2017年3月底，税务总局发布了《关于进一步做好增值税电子普通发票推行工作的指导意见》，规范电子发票服务平台建设，重点在电商、电信、金融、快递、公用事业五大领域推行电子发票。

其次，从技术角度来说，开票的难度也是相对较低的。由于核心的技术难点如税控加密防伪、电子签章、二维码、发票赋码等都是架构在统一的电子发票服务平台和税务端管理平台上的，无需开票方进行技术投资。对于开票企业来说，要干的事情是在企业端设置前置机，与电子发票服务平台进行数据交互，提交开票电子数据信息后，获取电子发票平台返回的电子发票文件提供给客户。

而对于这些企业的客户来说，只要不是用于报销，大家都还是乐于获取电子发票的，毕竟个人获取发票主要还是用于质保或者维权，只要打官司管用，电子的总是比纸质的易于管理。特别是在今天互联网服务越来越发达的背景下，如微信等社交平台也提供了电子发票的配套解决方案，这给用户获取和保管电子发票带来越来越多的便利。

二、我们期待电子发票有怎样的未来

那么，电子发票会向什么样的方向进一步发展？未来的电子发票会有哪些值得期待之处？

1. 值得期待的增值税专用电子发票

到目前为止，电子发票还仅仅支持增值税普通发票，这给全面加速电子发票进程造成了不小的阻碍，毕竟全面营改增后，增值税专用发票对企业具有极其重要的意义，少了这部分，电子发票的推进就谈不上是成功的。

不过，我们相信增值税专用电子发票的推出已经不远了。一旦正式推出，很多观望中的大型企业就会加速技术投入，考虑完整的电子发票落地方案。而在此之前，税务部门也正在进行铺垫和准备。全面营改增后，"金税三期"系统的建设极大地推动了增值税数据在全国层面的集中，这为实现增值税电子发票与税局底层账库数据的对接，以及发票真伪的校验提供了可能，是促进增值税专用发票电子化的重要基础。

2. 未来如何运用电子发票

最后，再探讨一下在理想模式下，如何玩转电子发票。理想模式有以下几个特点。

（1）现存普通发票全面转为增值税普通发票

随着营改增的完成，现在各式各样的普通发票将逐渐全面转为增值税普通发票，尽管我们说这是一个必然趋势，但要完成这样的转换并不容易，新旧模式的转换还依赖大量基础设施的投入。

（2）无论是增值税普通发票还是专用发票，全面支持电子发票的形式

当所有的发票全面转为增值税发票后，无论是专用发票还是普通发票将全面支持电子发票的形式。即使在这个过程中由于使用习惯的问题，纸质发票可能仍会存在很长一段时间，但终有一天将全面过渡至电子发票模式。

（3）国税总局的数据服务器能够面向全国用户提供交互支持

国税总局的数据服务向社会开放，当前的服务器性能瓶颈将被突破，国税系统能够面向全国所有企业用户提供免费的数据交互服务，这将给企业进行发票真伪校验和认证处理带来极大的便利。

（4）电子发票服务平台能够提供可靠、优质的公共服务

社会上将出现电子发票公共服务平台，这可能是基于某一具有公信力的协会型组织来提供服务的，能够成为开票方、收票方、税务局三方之间的服务枢纽，提供发票查验、电子签章、发票推送、发票存储等公共服务。

（5）企业端系统能够最终实现与税务局数据库的数据层面对接

尽管有服务平台作为中间枢纽，但另一种选择是企业端系统能够最终实现与税局数据库之间的数据层面的直接对接，从而为企业电子发票数据的应用提供更多的可能。

（6）企业端建立起支持电子发票的电子档案系统

企业端均建立起电子档案系统，能够对电子发票以及其他原始凭证进行统一的电子化管理。

（7）报销无须打印纸质文件

企业报销无须打印纸质凭证，基于公共服务平台和电子档案系统的协同支持，能够完成基于数字化电子发票的直接报销流程。

在这样的理想环境下，企业销售货物后可以通过ERP系统直接对接服务平台，完成销货后即时开票，用户获取电子发票后，能够在移动终端的电子钱包中查看到电子发票，通常大的服务商的App应该提供此类服务，而第三方支付服务商如微信、支付宝等也应该具备此项功能。员工在进行报销时，企业的报销系统能够对接上述电子发票管理应用，员工可以直接选择电子发票，或者自行上传电子发票版式文件触发报销流程。企业的报销系统解析电子发票版式文件中的信息，对接金税系统进行真伪校验，并进行发票认证。最后，完成报销的电子发票进入电子发票档案库，完成归档过程。

电子发票这件事情就快迈出最后一步，对于企业来说，应当做好准备，随时迎接它的到来。

第二章 智能时代业务财务创新实践

第一节 智能时代业务财务框架详解及智能增强

本章是由 CFO 基础能力框架展开的第三部分内容——业务财务框架。业务财务的提出为国内财务管理水平的提升注入了强大的活力，也是传统财务向新型财务转变的重要一步。业务财务的核心理念是希望财务队伍能够从自己的专业领域走出去，成为业务部门的合作伙伴，能够站在业务的视角及业务与财务专业的交集区域，开展财务管理活动。

但是长期以来，业务财务的概念并没有相对标准的细分定义，致使每个公司对这个概念的理解或多或少都有一些差异，从而在实务中对于如何设置业务财务队伍、如何发挥这支队伍的价值等都产生了一定的困扰。下面我们从业务财务的不同角度来解析，看看业务财务在不同领域都可以做些什么，以及在智能时代能够获得怎样的技术支持。

一、产品财务管理

在产品财务管理方面，单纯从财务的角度来说，能够实现智能增强的范围是有限的。

在产品规划和投资方面，基于今天的信息条件，更为广泛的数据和信息获取能够帮助我们更加有效地模拟预测产品未来的经营情况。

在产品最佳财务实践的推广方面，可以通过尝试使用一些新的技术手段来加强培训的效率和效果。在传统模式下，通常需要通过开发课程、面授推广的方式来传播最佳实践。而在今天，我们可以考虑采用更丰富的形式，如网络直播、碎片化学习等。

物联网的发展使我们能够更好地跟踪实体化产品的市场投放数据，通过经营分析获得如产品的使用情况、用户的反馈情况等更有价值的数据。

相比财务本身来说，业务财务更需要关注的是企业产品本身在智能化领域的发展。对于产品财务经理来说，需要能够紧跟智能时代的新技术与企业自身产品的结合情况，能够对涉及智能技术的新产品实现优化资源配置判断，能够应用智能技术创建新的产品规划和投资的财务评价模型，实现和传统产品评价同样的标准，甚至更好的评价能力，而不是在智能时代完全无法理解业务部门的战略、规划和行动，财务需要成为业务的伙伴，而非拖累。

二、营销财务管理

大数据技术是营销财务管理的重要助力，能够在营销及销售费用管理、客户信用及风险管理、竞争对手分析等领域发挥重要作用。

首先，在营销及销售费用管理方面，着重关注的是销售资源投放和效果达成的关系，如果能够管理好每一笔销售费用的投入产出，那么销售费用的投入就能得到很好的财务回报。在这一方面，我们可以充分利用大数据在相关性分析方面的优势，基于大量的企业内部历史销售费用投放的数据，以及市场上与企业销售活动相关的各方面的反应数据，获得销售费用投放方案与市场反应之间的相关性分析结果，从而将优质资源向市场反应积极的销售活动方案倾斜。

其次，在客户信用和风险管理方面，能够依托大数据技术更广泛地获取与客户相关的社会化数据，不再简单依赖于客户公布的财务报告信息，而是将客户在社会化活动中所形成的广泛的数据纳入监控范围，基于广泛的客户行为信息、舆情信息，更及时、准确地评价客户信用，建立多视角、全方位的客户信用评价模型。

最后，在竞争对手分析方面，大数据能够帮助企业建立更加及时、有效的舆情监控系统。基于网络新闻、微信、微博等多种社会化媒体，新的舆情监控系统可以从文字、图片、语言、视频等获得全方位的信息输入，进而更早地发现市场和竞争对手的重要动态，帮助企业及早决策应对。

三、供应链财务管理

供应链管理本身是一个相对成熟的管理领域。特别是在 ERP 系统出现后，企业的供应链管理能力得到了大幅度的提升。在智能技术方面，物联网技术将为此领域财务管理能力的提升提供潜在的机会。

在物联网技术快速发展后，越来越多的企业使用物联网来跟踪其供应链的全过程。从原材料到在产品、产成品，直至后续产品的库存、配送物流及客户使用，物联网能够跟踪到每个环节的大量位置信息。对这些信息的获取，能够让我们即时获得清晰的物料及产品的库存、流转、物流情况。其一，供应链财务能够利用这些信息替代盘点，甚至也能为相关的会计核算提供更好的自动化支持；其二，能够利用这些信息优化库存价值管理，减少呆滞库存的出现；其三，配送物流数据信息对于优化配送物流成本也有重要的作用。

在未来，物联网信息和财务的有机结合势必会改变供应链财务的管理模式。

另外，在采购管理方面，通过将采购财务管理前置于业务处理，能够实现更好的管理效果。如采用类电商的模式在企业内部推动采购管理，能够实现整个采购过程的透明化和自助化，更好地推动业财会流程的融合。

四、项目财务管理

事实上，针对项目管理，我们更建议推动其系统化建设，针对不同类型的项目建立差异化的前端业务管理系统。将财务与业务紧密结合的部分内置于前端项目管理系统中，而针对项目财务管理通用的部分，则可以考虑建立统一的项目财务管理平台，对接各类前端专业化项目的业务管理系统，打通业财壁垒。

与项目相关的业务及财务系统的建立尽管并不高度依赖于智能化技术，但对于很多企业来说，这项工作仍然是企业财务信息化建设中的薄弱环节。基于现有的信息化技术，实现项目过程的信息化管理是很多企业的当务之急。

五、海外财务管理

海外财务管理是财务管理从国内向海外的延伸，所以，可以总结智能化技术在其他财务管理模式领域的应用模式，并向海外进行覆盖。

但对于海外机构来说，要在国内财务管理向智能化转型过程中同步受益，就需要积极推动国内各类有价值的财务信息系统以及管理模式、管理平台在海外的落地应用。这就需要无论是企业在国内面向海外的管理机构，还是海外机构本身，都要积极推动各类管理系统、管理模式、管理平台的全球化，如在语言、文化、运营模式等方面充分考虑到不同国家和地区的特殊情况，力求实现统一平台的全球覆盖和应用。

六、业务财务一体化管理

针对业财一致性的管理，可以从两个方面来考虑智能增强。

一方面，对于复杂的企业集团来说，前端的业务系统众多，且业务系统建设情况不一。如果将业务系统与财务系统的对接，以及会计凭证的转换生成工作分散于各个不同的业务系统中，则会形成财务与业务之间众多的数据衔接点，数据质量也难以保障。因此，考虑建立统一的会计引擎，实现财务核算与业务系统的一对多的对接关系，通过建立标准化的会计引擎提升业财一致性水平。

另一方面，区块链技术又将对业财一致的保障模式带来根本性改变。在技术条件允许的情况下，可以在业务系统与财务系统底层搭建区块链账簿，实现业务与财务系统多方共享记账机制，这将有可能实现记账即对账。

在这种模式下，业务系统发生的每一步交易都会同步记录于业务系统和财务系统的底账平台，如果涉及内部交易或集团内关联交易，还可以实现交易各方的业务系统与财务系统的同步记载，这也间接地解决了内部往来和关联交易核对的问题。

当然，搭建一个覆盖所有内部系统的底账平台并不是一件容易的事情，涉及大量的底层数据的清理和改造。对于业务来说，识别各个系统中影响财务结果的原始业务数据本身就是一个困难且庞大的工程。而区块链技术所需要的高冗余资源，也是需要面对和平衡的事情。

第二节　智能时代布局海外财务管理

"出海"对于中国企业来说已经不是一件新鲜的事情。如今，中国企业已经具备了在国际舞台上参与竞争的实力，不少中国公司也积极地开始了海外并购。中国企业正在进行全球化布局，构建全球战略协同能力，必然会在科技兴邦方面获得更好的成绩。而全球化也正在成为智能时代不可或缺的关键词。

在这样的背景下，这些走出去的企业的财务管理水平也必须能够跟得上企业的发展需求。但事实上，很多企业财务在国际化的进程中面临着极大的挑战，在短时间内难以找到清晰的财务管理建设方向。走向海外是一个长期的、面临重重挑战的过程，做得好的大公司无不经历了几代财务人的不懈积累。这里，笔者站在一个曾经出海的公司中旁观者的角度，给在"出海"过程中苦苦摸索的企业提供一些经验。出海期盼的是捕鱼的丰收，用"结网海财"祝出海的企业收获成功。

海外财务的大网可以通过五个关键节点编织而成：①绘制海外国家商业模式；②实现海外风险导向的流程标准化；③构建海外财务经理能力模型；④推动海外财务系统的择优统一；⑤打造海外财务专业支持平台。

一、绘制海外国家财务模式

当走出去进入全球环境的时候，企业很难快速把握海外国家的全面情况。面对陌生的国家、陌生的语言、陌生的文化、陌生的商业环境，海外财务工作的开展极富挑战。如何解决呢？绘制海外国家财务模式是一条可行之路。

绘制海外国家财务模式通过研究不同国家的商业管理、会计、税务、资金等方面的差异化情况，有效控制企业进入某个国家后面临的财务管理风险。当完成了国家财务模式的绘制后，企业能够做到游刃有余，一旦进入一个国家扎根后，基于之前绘制的国家财务模式，后续人员更替工作将变得更加轻松。

绘制国家财务模式需要遵循一定的方式和方法，可以通过"四步走"来实现国家财务模式的绘制。

1. 确立海外投资主体

企业走向海外的第一步是在海外构建主体机构，其构建方式包括投资设立和并购。因此，走出去的企业可以考虑基于公司投资策略，通过自主调研或借助中介，确定海外投资主体，从而完成相关投资或并购工作，最终设立主体。在这一过程中，财务将发挥重要作用，很多工作都需要财务部门的深度参与。

2. 进行国家调研

当企业完成海外主体的设立后，下一步就是如何了解和融入当地环境的问题了。与项目的开展类似，前期的现状调研是不可或缺的。由于在陌生环境中企业难以独自摸索现状，借助本地化的第三方力量能够获得很好的效果。如果注意观察，就会发现外资跨国公司进入中国的动作也是一样的，它们会聘用跨国中介公司在中国的分支机构的人员来协助进行调研，帮助它们了解中国各方面的情况。所以，与当地财务或中介机构合作进行财务相关调研，是走出去的企业了解新进入或已进入国家更为行之有效的方法。

3. 确立国家财务模式

当完成调研后，就能够从容地开展后续工作了。第一时间应当考虑的是如何将调研过程中的经验教训，以及调研的收获尽快记录下来，并形成我们所说的国家财务模式。对于国家财务模式来说，需要从所在国家的会计、税务和资金管理等多个方面落实其差异化特点，并针对该国家建立财务模式档案。一份详细、完善的国家财务模式档案是企业宝贵的信息资产。在后续的人员更替和新设机构中，国家财务模式档案能够让企业少走很多弯路，更高效地完成相关工作。

4. 落地海外财务管理

最后，企业可以依托国家财务模式档案，有序开展财务管理工作，从新进入的忙乱状态进入稳定健康运营的财务工作状态。当然，需要注意的是，国家财务模式档案的编制并不是一次性的工作，需要进行持续优化，及时更新政策信息，确保财务工作的可延续性。

二、实现海外风险导向的流程标准化

与国内相比，海外的财务管理有太多的未知和不确定性，即风险更高。因此，每个走出去的企业都需要认真地对待风险管理，避免出现重大的财务风险事故。

如果要做到这一点，不妨尝试从两个方面入手：一方面，流程标准化，降低差异化带来的流程管控风险；另一方面，在流程中嵌入风险管理，实现风险导向的流程标准化。

1. 提出"什么会出错"的问题

（1）基于对流程和交易的理解，思考在重要流程中可能发生重大错误的节点，并据此发现风险点。

（2）确定流程中所涉及的具体风险点，并进行重要性排序，为后续有针对性地采取措施奠定基础。

2. 编制国家间"标准又有差异"的流程手册

（1）这是一个标准化与差异化并存的手册，需要从流程的角度寻求标准化，以降低不必要的管理成本，但同时要兼顾国家之间的实际差异，针对不同国家设定差异化的流程。

（2）在流程中植入风险控制，可以考虑使用操作风险管理工具，在流程中嵌入风险监控点，并设定风险点的监控规则和风险发生后的应急处理方法。

三、构建海外财务经理能力模型

企业想深扎海外，一支素质优良的海外财务经理队伍是不可或缺的。

然而，海外财务经理队伍的建设并不容易。企业往往处于一个很尴尬的局面：一方面，海外财务经理对员工能力的要求很高，需要选择优秀的人才出海，但实际能达到要求的候选人并不是很多；另一方面，因为企业在海外短期外派更换人才的成本很高，通常需要外派人员有一定的稳定性，这就使得优秀人才在决策是否前往海外时顾虑重重，通常更倾向于选择国内更好的发展机会。对于第二个问题，很多企业通过高薪和高补贴的政策来吸引员工出海，这也是一个好的解决办法。

而针对第一个问题，企业要考虑的是如何找到适合出海的优秀人才，要在公司层面建立以海外财务经理为核心的人才团队，首先就需要清晰定义其工作职责和能力模型。那么，海外财务经理都需要有怎样的角色？又需要达到怎样的能力要求呢？

从岗位设置来说，海外财务团队通常由国家财务经理、海外业务财务和海外专业财务组成。国家财务经理是海外财务团队的核心，也是团队负责人。而业务财务和专业财务的职能与国内的岗位并无显著差异，但需要顾及当地国家的实际情况，协助国家财务经理完成相关工作。

对于海外财务团队来说，其人员的核心技能包括：语言能力、专业能力、项目管理能力、协调能力、沟通能力、问题解决能力、风险管理能力等。但不得不说的是，这些都是摆在明面上的能力，而在背后，需要的是耐得住寂寞的能力、承受孤独的能力。由此可见，优秀的海外财务经理是难得的，需要企业花费更多的资源和精力寻求或悉心培养。

四、推动海外财务系统的择优统一

在企业布局海外的过程中，另一个难点是财务信息系统的建设。如果企业选择在海外循序渐进、耕耘布点，实现财务信息系统的统一还是相对容易的，毕竟可以慢慢把国内的系统推广出去。但即使这样，企业在快速进行海外布点的时候，也往往选择使用当地的财务系统来进行过渡，最终需要面临二次整合的过程。

而对另一类企业来说，情况则更为复杂，它们通过在海外进行投资、并购的方式出海，在并购过程中，融合的企业往往都带有自己的财务系统，实现系统统一尤其复杂。好在如 Oracle 和 SAP 这样的套装软件在全球市场占有大量份额，很多时候它们要做的也就是在并不多的产品中择优整合。

对于海外主体的财务信息系统有三种可选方案：第一种是使用例如 Oracle 或 SAP 等全球化程度较高的系统；第二种是使用所在国家当地主流的财务系统；第三种是使用自主研发的财务系统。

企业在决策时，需要整体评估是否存在能够在全球范围内推广的优秀的财务信息系统。如果有，则不妨选择该系统进行全球统一，并提出标准化的实施要求。如果没有，则可以考虑以下几种方案：方案一，公司统一购买并部署一套能实现全球化标准部署的系统；方案二，公司针对自身的行业情况，研发一套系统并进行全球部署，这种模式是极具挑战性的，对研发者的产品化能力和全球化能力要求极高；方案三，一种被动的选择，也就是维持现状，在各国家沿用当前的财务信息系统。

财务信息系统的统一和标准化是一个明确的目标和方向，管理者也应当致力于向这个方向推进。当然，很多时候无法实现一蹴而就，很可能会面对一个比较长的过程。

五、打造海外财务专业支持平台

在海外布局还需要考虑如何建立有效的财务管理支持平台。一个高品质的支持平台，能够让企业的出海之路更为顺利。

在企业海外布局相对简单的时候，可以通过在每个国家建设团队的方式来构建当地的支持能力。但是当海外财务队伍具备一定规模后，高昂的财务出海成本迫使企业必须考虑进行平台建设。

在平台建设方面，具体可以考虑打造海外业务财务平台、专业财务平台，并结合全球共享服务，提高在海外可持续发展的能力。

1. 海外业务财务平台

海外业务财务平台的核心职能是支持当地主体机构顺利地开展业务经营，并基于当地的实际环境，给予管理层以财务决策支持。在海外业务财务平台中可以配备国家财务经理，并在此基础上根据所涉及的价值链环节，配备相应的业务财务经理，如物流财务经理、售后财务经理、项目财务经理等。

2. 海外专业财务平台

海外专业财务平台主要是从财务专业的角度支持当地的财务专业业务，包括海外流程管理、海外信息系统支持、海外团队管理、会计管理、税务管理、海外资金池管理等职能，海外专业财务平台中的人员的专业能力需要能够适应不同国家的特性，特别是在政策法规方面，需要有极强的属地化适配能力。当然，语言、文化沟通也是重要的支持基础。

3. 全球财务共享服务平台

海外业务财务平台通常是基于国家配置的，专业财务平台可以基于国家或国际片区来配置，而共享服务平台则可以通过单点或多点配置，实现全球的集中管理。全球财务共享服务平台涉及报账、核算、结算等服务，但和国内的共享服务平台不同，需要支持多语言、多时区，并能够基于不同国家和地区的政策法规开展业务运营。

第三节 智能核算

在今天"业务财务一体化"已经不是什么新鲜的话题。所谓的"业务财务一体化",就是需要财务能够理解业务,深入地参与业务前端的管理活动,为业务部门提供有效的经营决策支持。但是,我们必须也要看到,业务财务一体化并不是建立在空中的楼阁,要想真的做到这一点,有一个牢靠的地基非常重要。那么,这个地基是什么呢。在我们看来,业务信息向财务信息高效、自动化、无差错的转换就是这个地基。但遗憾的是,看似简单的一件事情,想要真的做到还是有着不小的挑战的。会计引擎的出现,将帮助我们有机会去尝试解决这一问题。

一、业财高度融合的挑战

业务与财务的高度融合一直是业务财务管理领域大家高度关注并期待能够解决的重要研究课题。如上文所述,要实现这一点,需要打下坚实的数据地基,只有存在这样的基础,财务才有可能使用口径丰富且内涵一致的财务信息向业务部门提出有效的经营决策建议。在实现这一目标的过程中,我们面临着三个重要的挑战:业务财务双语言的挑战、业务财务系统集成的挑战和业财数据不一致的挑战。

1. 业务财务双语言的挑战

业财融合的基础在于业务信息向财务信息的转换,如同人们在交流过程中所进行的语言转换,一个以英语为母语的人,在没有接受过汉语教育时,要和一个讲汉语的人深度交流是非常困难的。同样,对于业务信息来说,它更多时候是伴随业务系统在进行业务交易处理的过程中生产的。这些信息在没有经过很好的整理和标准化之前,本身作为一种语言是很难进行直接解读和理解的,更不要说转换为财务的语言了。值得庆幸的是,交流的另一方"财务"由于较早地建立起了规范化的信息体系,让我们在这个过程中构建了一套会计语言。基于会计准则,以会计凭证为记录载体,以财务报表为信息展示的载体,我们能够比较轻松地理解财务、会计的信息。至少，会计人员依据他人编制的会计分录，能够理解其背后发生的经济事实。

在这种情况下，挑战主要来自于业务端的信息。如同一门语言，如何让业务信息可读、可理解成为摆在我们面前的第一个门槛。而更为重要的是，我们还需要在业务语言和财务语言之间准备一个翻译器，进而让业务信息能够自动转换为财务信息。

2. 业务财务系统集成的挑战

第二个挑战来自于信息系统的集成。我们很难想象如何在一家业务系统、财务系统都是高度孤立的企业中实现信息的集成。这就如同一个村落里全是孤独症人群，然后还要求这些人之间能够做到无缝交流。

还是以语言举例。假如村落里有两群人，一群人讲英语，另一群人讲汉语，要实现整个村落中信息的充分流通，不仅要打通英语和汉语之间的语言割裂，在这之前，首先要解决如何实现孤独症人群的沟通问题。

因此，讲到这里，我们能够看到，信息系统之间的打通是构建业财融合的根本，不仅仅是业务系统与财务系统之间的打通，还包括业务系统内部相互间的打通和财务系统内部相互间的打通，而这正是当前很多企业不得不面对的另一个重大挑战。

3. 业财数据不一致的挑战

第三个挑战来自于业务和财务的数据一致性。即使信息系统之间实现了集成，但仍然不得不面对业务与财务数据是否能够保持一致的问题。信息系统之间产生数据不一致的情况有很多。因为在业务系统中更多的是明细数据，而财务系统的数据则存在合并记载的情况，这使得业务与财务系统之间出现总分核对的问题。如果缺少有效的数据核对和校验机制，就难免出现业财不一致的情况。而有些时候，业财一致性的挑战还来自于系统之间接口的可靠性。由于数据的传递过程将不可避免地出现丢包或重复等技术问题，如果缺乏有效的数据接口校验机制，则很可能也会导致双方数据不一致。

更多的时候是业财的不一致是人为导致的，一种情况是核算系统保留了数据直接录入或补录的入口，导致缺乏支撑的业务凭证直接进入；另一种情况是数据存在台账入口。最复杂的情况是在链条的最前端出现了缺口，即业务系统并非从源头开始系统化，存在人工数据进入的环节。此外，在全链条中任何允许数据人为修改的情况都会破坏业财的一致性。

二、什么是会计引擎

尽管很难依靠单一的工具或手段来彻底地实现业财的高度融合以及数据的一致性，但有些工具能够帮助我们从某一环节来加以改善，会计引擎就是其中之一。下面我们来看一看什么是会计引擎，以及建立会计引擎有哪些难点。

1. 会计引擎的基本原理

简单地理解，会计引擎可以看作是将业务系统语言转换为财务语言的翻译器。对于一个翻译器来说，如果要让它运转起来，首先要能够实现语言的输入，然后基于所输入的语言，通过一系列的语法分析以及规则转换，将其形成新的语言再输出。当然，这里所讲的翻译是基于文本信息的，如果是基于语言的处理，那么最大的难点将转变为在输入环节如何让计算机能够听懂且理解人类的语言，并将这些语音信息转换为文字。

我们可以参考类似的方式，用会计引擎来解决问题。首先，需要从各业务系统中获取业务系统数据的输入。在这个过程中，我们必须意识到，会计凭证是企业各类经济活动结果的反映。在这种情况下，能够支撑进行财务语言转换的前端业务系统的涉及面也必然是广泛的。当建立了业务系统与会计引擎之间的数据接口后，就形成了类似于翻译器的语言输入过程。接下来，要做的事情是语言的转换。对于会计引擎来说，需要创建一套类似于翻译器中词汇映射和语法映射的规则转换机制。也就是说，要建立业务数据向会计凭证转换的系统规则。

当然，这里有一点和翻译器是不一样的，对于翻译器来说，不管输入是什么，都需要被动地接收，并转换为另一种语言进行输出。而对于会计引擎来说，首先是基于会计凭证的数据构成规范来判定需要什么输入，对形成会计凭证无用的数据，根本就不会考虑作为输入。在这种情况下，业务系统根据会计凭证的数据需求提供数据输入，经过预先设定的业务语言向会计语言转换的规则处理后，形成"准凭证"。

所谓的"准凭证"是会计引擎处理后所形成的预制凭证,由于还没有进入总账系统,故被称为"准凭证"。准凭证进入核算系统后,形成正式的会计凭证,最终完成语言输出的过程。

2. 建立会计引擎的难点

从上面介绍中能够看到,会计引擎的基本原理和大逻辑貌似也并不复杂,但是为什么很多企业却没有做到这一点呢?简单的背后往往蕴含着复杂的细节。会计引擎在实际的建设和应用过程中还是存在着诸多难点的。

(1) 会计凭证场景的梳理

在建立会计引擎的过程中,最重要的一点就是将所有需要从业务语言向财务语言翻译的场景系统化,通过场景梳理,能够针对每一类需要生成会计凭证的业务场景定义转换规则,这是对会计引擎的基本要求。但在实践中,要做到全面、无遗漏的场景梳理并不容易。场景的梳理有赖于经验的积累,如果无法一次梳理清晰,就必须要考虑如何在会计引擎的设计过程中保留足够的弹性,允许我们快速灵活地配置和增加场景规则,从而降低场景梳理复杂性带来的弊端影响。

(2) 胖瘦的选择和处理

实际上,对于总账系统的胖瘦之争一直存在。有些企业选择保留原汁原味的业务颗粒度,基于明细业务交易形成会计凭证,并记入总账。这种模式的优势在于具有高度的可追溯性,但弊端在于过大的总账数据存储量将严重影响系统的性能。因此,一些企业选择将业务信息进行合并记账,这就要求会计引擎能够固化合并规则,能够基于合并规则将明细业务数据转换为浓缩的会计凭证。这就如同直接将英文转换为汉语的文言文,如何选择转换的颗粒度,以及如何实现会计引擎合并颗粒度的可配置性,也是难点。而在实践中,选择了瘦总账模式的企业有可能会要求在此基础上再补充设立胖子账,从而兼顾对性能和明细数据的需求,这都对会计引擎提出了更高的要求。

(3) 逆向流程的处理

在会计引擎中,还有一个难点在于逆向流程的处理。如同翻译,正向的翻译总是相对简单的,但如果在翻译过程中发生了错误,就需要修正翻译错误的结果,这就是所谓的逆向处理。对于会计凭证来说,逆向流程往往是通过红字冲销以及重新制证的方式来进行处理的。在处理过程中，不仅要考虑到什么样的场景会触发逆向流程，还要考虑到逆向流程的凭证规则，以及相匹配的业务流程关系。在没有考虑会计引擎逆向处理的规范时，在业务系统中往往不会充分考虑到对逆向流程的数据规范支持，而在会计引擎模式下，业务系统必须进行相应的改造。

（4）能否兼顾财务会计与管理会计

另一件需要考虑的事情是会计引擎在解决财务会计问题的基础上，是否还可以用来解决管理会计的问题，解决财务会计的问题是很好理解的。财务会计的核心逻辑是以会计凭证为语言，实现业务信息的转换和记载。而管理会计类似于对财务会计方法的翻译，更适合用于实现分析维度的扩展，无论是收入还是成本支出，基于管理会计规则，实现业务信息多维度的信息转换和记载是没有太大问题的。但如果再考虑管理会计中更为复杂的内容，如动因管理、分摊处理、作业成本管理等，那么仅使用会计引擎来解决就比较困难了。此时，更适合采用专业化的管理会计系统。

（5）可追溯性的保留

会计引擎的最后一个难点是可追溯性的处理。如同翻译一样，我们希望对翻译后的每一句话都能够找到其原始语言下的信息来源，这样便于后续在应用过程中进行信息核对。对于会计凭证来说，也是如此，无论是业财核对还是稽核审计，总是有各种各样的需要，希望能够清晰地追溯会计凭证背后的线索，直至业务源头，而合并形成会计凭证的会计引擎难以实现此需求。因为合并规则的复杂性，使得合并后会计凭证的向前追溯成为难题。如何在会计引擎的设计过程中就预留下追溯机制及线索，是必须要认真思考的问题。

三、会计引擎应用现状

当了解了会计引擎的原理以及会计引擎的实现难点后，我们再来看一看当前会计引擎在国内财会领域的应用现状。实际上，会计引擎在我国的发展还处于相对初级的阶段。一方面，会计引擎分散在各种不同的专业化财务和业务产品中；另一方面，会计引擎在我国不同行业中的应用深度也是不同的。

1. 会计引擎分散在各种专业化财务和业务产品中

今天,会计引擎能够实现独立产品化的应用还是鲜有见闻的。多数会计引擎都还隐藏在各种各样的专业化财务信息系统中,甚至直接内置在业务系统中。为什么会是这样的一种局面呢?

我们从会计引擎的发展中能够看到,会计引擎的建立很多时候是被动的,首先是财务有了会计核算的要求,在没有建立业财对接的情况下,传统财务是依靠手工录入凭证的方式来实现业务语言向财务语言转换的。随后,有人意识到,一些业务系统是有机会直接和财务进行对接的,而在针对某个专业的财务系统(非总账系统)和业务系统对接的过程中,使用翻译器,也就是会计引擎能够很好地处理这个对接过程,这就使得在一些专业的财务系统如费用报销系统、资金系统以及业务系统中分别搭建了会计引擎,最终形成的局面是在企业内部各财务、业务系统中,都或多或少地蕴含一些形态各异、功能差别较大、成熟度不一的会计引擎模块。

分散在各专业的财务或业务系统中的会计引擎模块,往往都是针对差异化的特定场景开发的,在建设过程中并不需要进行复杂的模型抽象,也因此使得此类会计引擎比较容易实现。

2. 会计引擎的行业应用深度不一

从另一个视角看,会计引擎在我国各行业应用实践中的差异较大,在其应用领域存在着一些优势行业。

对于大多数行业来说,会计引擎的应用主要还是简单地集中在费用报销和收付资金上。在过去数十年的发展中,很多企业都建立了电子报账系统和资金管理系统,而作为标配的系统功能,简单的会计引擎被内置于这两类系统中。

但在某些行业中,会计引擎不仅被应用于专业化的财务系统中,还在业务系统中实现了更为广泛的应用。比较典型的行业有金融业、零售业、电信运营业等,在制造业生产制造过程基于ERP的高度集成,也能够理解为某种意义上的会计引擎。

例如,在保险行业中,其核心业务系统里通常会设有"收付费"系统,此系统本质上就是一个行业化的会计引擎产品。保险收付费系统会汇集客户承保、理赔等各项业务流程产生的业务信息,基于业务信息进行规则转换和合并处理,形成会计凭证。因为业务交易量庞大，往往很难基于保单级的单位进行明细记账，合并账务处理成为常见的处理模式。

由此可以看到，会计引擎在不同行业的应用往往存在着一定的特色和定制化场景。

四、统一会计引擎

那么，统一会计引擎又是什么呢？这一概念又是在怎样的背景下被提出的呢？下面我们就简单地来了解统一会计引擎的概念、背景、价值、建设难点，以及如何在智能化下实现对其的进一步增强。

1. 什么是统一会计引擎

统一会计引擎和传统会计引擎相比，核心就在于"统一"两个字。如上文中所说的，多数会计引擎都是搭建在其他财务或业务系统中，以一个模块的形式存在的；稍微好一些的，也就是在专业系统中圈下一块地盘，形成一个相对独立的子系统。

而这里所说的统一会计引擎则是希望能够打破其寄生系统的束缚，从各个系统中独立出来，形成一个专业化的系统平台，通过这样的一个平台，形成一个多语言翻译器。也就是说，统一会计引擎的一端对接企业内所有业务系统和专业财务系统，以获得信息输入，另一端对接会计核算系统和管理会计系统，以生成会计凭证并实现财务分析。

2. 建立统一会计引擎的背景和价值

那么，为什么要建立统一会计引擎？其价值又是如何呢？多数企业的会计引擎在信息化建设的过程中以叠加的方式一步一步建立起来，但到了一定阶段后，这种被动建设的多会计引擎模式慢慢成为了大型企业集团的负担。很多时候，由于会计引擎建立的时间阶段差异，难以遵循统一的、规范的技术标准，这使得很难有效地监控这些翻译器的翻译质量，也逐渐在这些会计引擎背后埋下了一些隐患和风险。而由于多引擎维护的复杂性，科技人员往往并不敢对这样的平台展开深度优化，随着人员的流失及文档的遗失，长此以往，对会计引擎的维护甚至成为很大的挑战。

所以，一些企业意识到，与其堆砌优化，不如将分散在不同系统中的会计引擎剥离出来，建立一个具有扩展性的统一会计引擎工具，这个工具一方面能够更加有效地支撑当前存量系统和业务单元的业财对接，提高运维质量，降低潜在风险；另一方面能够快速服务于新建立的业务或财务信息系统，以及新成立的业务单元。

3. 统一会计引擎建立的难点在哪里

我们必须认识到，统一会计引擎的建立具有一定的颠覆性，无论在前端的设计还是后续的推广实施过程中都存在困难和挑战。

其一，对于统一会计引擎来说，在设计方面的挑战来自于各种不同业务场景的抽象和提炼。由于起初对统一会计引擎的定位是对接所有的业务系统，这就要求好的统一会计引擎不仅能灵活支持现有的业务场景，还能支持未来的潜在业务场景。所以对于行业或业务场景并不充分的企业，此项工作很可能在拓展性方面面临很大的风险。所以，统一会计引擎的实践有可能来自于一个行业覆盖广泛的大型多元化企业集团，或者来自于一个拥有多行业存量客户的独立财务信息化厂商。但对于后者来说，还存在一个极大的挑战——财务信息化厂商往往对不同行业下业务系统的理解不如前者深入。所以，大型多元化集团将更有胜算。

其二，当搭建了统一会计引擎后，在实施的过程中必然要面对存量会计信息的切换问题。事实上，人们对完全新建的事情总是相对放心的，而对从已有向替代品切换的过程反而充满顾虑。在这个过程中，要说服各个业务系统及相关部门将现有的流程切换至新的平台，就必须对新平台的优势、可靠性以及转换风险的应对做出充分的解释，这往往会演变为一场变革管理。

4. 智能化下的统一会计引擎

尽管我们意识到统一会计引擎的建立难以一帆风顺，但同样看到的还有它建立后所带来的价值。而在今天，随着智能化技术的进步，还有可能在建立统一会计引擎的过程中更进一步——借助智能化技术提升统一会计引擎的性能。

如同翻译领域对智能化技术的应用，统一会计引擎可以考虑适当地应用机器学习技术，来辅助完善翻译器的翻译规则，即会计引擎的凭证转换规则。在建立统一会计引擎时，通常将优先基于所积累的经验来设计规则。但面对多行业以及全场景的复杂性，仅仅基于经验是不够的。而机器学习技术通过对标签化业务信息的输入和学习训练后，能够更高效地提炼转换规则，提升会计引擎在面对新问题时的处理能力。

此外，利用区块链技术，如果能够在业务系统、专业财务系统、核算系统之间搭建分布式底账，那么将为提升会计引擎转换结果的可追溯性带来极大的帮助。

我国尚处于统一会计引擎建立的探索和尝试阶段，但其在大型多元化集团的落地应用并不遥远，未来出现面向社会提供服务的低成本甚至免费的、开放式的统一会计引擎平台也并不是梦想，而智能化技术在开发统一会计引擎平台上也能够发挥更大的价值。

第三章 智能时代财务共享服务创新实践

第一节 智能时代财务共享服务框架详解及智能增强

这里是基于 CFO 基础能力框架所展开的第四部分内容——财务共享服务框架。财务共享服务模式在中国是在 2005 年左右兴起的,尽管这个时候西方国家对财务共享服务的应用已经日趋成熟,但作为后来者,我国的财务共享服务发展呈现出逐渐加速的趋势,在最近五年中,财务共享服务的热度飞速上升,已然成为国内大中型企业财务组织的标配。

在这个过程中,财务共享服务中心从设立到运营全过程的管理水平都在快速提升,到今天,已经形成了相对完善的财务共享服务管理框架,并在政府、企业、高校和各类协会组织的共同推动下,逐渐成为了国内财务共享服务中心特有的管理模式。

一、财务共享服务中心设立管理

在通常情况下,管理层都会要求财务共享服务中心的设立具有一定的前瞻性和领先性。自十多年前开始,财务共享服务中心的建立本身就具有强烈的创新特征,我们需要向管理层阐明所采用的技术手段能够达到目前的市场水平或竞争对手水平,并能够对企业自身的管理带来提高。很多企业在这个过程中也同步进行了与支持财务共享服务相关的信息系统建设,但总体来说,并没有超出当前互联网时代的技术水平。

而今天,在展开财务共享服务中心建设的过程中,无论是进行立项还是规划都必须考虑到即将到来的智能革命对财务共享服务的影响。笔者曾经给一家中国本土进入世界五百强的家电制造企业做过财务共享服务规划和设计，在此过程中，其管理层就谈到过，希望未来的财务共享服务中心能够越做越小，而不是人数规模越来越大。这正是暗含了对智能时代共享服务建设的深刻理解。

在笔者看来，基于信息系统的高度集成，数据信息能够自由获取，规则的自动化作业辅以人工智能作业的新的共享服务模式正在到来，也会在不久的将来逐步取代当前基于大规模人工作业的共享服务模式。实际上，这一进程一直在进行，只不过受限于技术手段和数据质量，我们所能感受到的仅仅是优化性的进步，如一些跨国外包公司热衷于RPA（机器流程自动化），就是在积极进行自动化替代人力的尝试。

所以，今天我们在建立共享服务中心的规划过程中，必须要充分考虑到未来智能化技术对财务共享服务中心的影响，为当前财务共享服务中心的建设留下向智能化进行转型和拓展的接口。同时，我们必须认识到智能化很可能在最近的数年中出现爆发式的技术发展，财务共享服务中心必须要有充分的认知准备，紧随技术进步，及时调整自身的运营策略，切换至智能化运营平台，以维持目前建立财务共享服务所带来的竞争优势。

二、财务共享服务中心组织与人员管理

智能时代的到来，对当今财务共享服务中心的组织与人员管理提出了不一样的要求。

首先，从组织职责及架构设置来看，今天的财务共享服务中心在传统职能的基础上，必须要考虑一些用于自我变革的职能。事实上，有不少财务共享服务中心还在纠结是否要用自动化来替代人工，并顾虑因此对现有团队的利益影响。在笔者看来，与趋势逆行是不可取的，我们应当在当今的组织中一方面继续针对传统的集中化人工作业模式展开运营的提升；另一方面应当设立创新科技组织，积极主动地展开自我颠覆。通过应用新技术，主动降低对人力的依赖，从而在这场变革中掌握主动。

其次，对于这一变革时期的人员管理，要充分做好面对自动化带来人力释放影响的准备工作。将分散的人员集中起来是一场变革，在这个过程中，我们已经经历了一次减员的挑战。而今天，把集中在财务共享服务中心的人力再消

化掉是另一场变革。这一次，我们应当在人员的职业发展上有针对性地考虑未来智能化的影响，提前做好人员的非共享技能培养，以帮助部分人员在智能化过程中逐渐分流至其他岗位，而减少刚性人员裁减带来的剧痛。

最后，在人员的考核上，应当更多地关注对于人员创新能力的提升，传统的财务共享服务模式过于强调效率，这使得财务共享服务中心的员工并不热衷于使用新技术来改造现有的工作模式，而更倾向于一个稳定的工作环境。这对财务共享服务中心适应智能时代的发展变革要求是不利的，多一些主动的求变精神是智能时代财务共享服务的必由之路。

三、财务共享服务中心流程管理

业务流程优化是财务共享服务管理中极其重要的主题。在传统的流程优化过程中，我们试图通过对流程环节的挑战、运营方式的转变来找到优化机会。当然，财务信息化在这一过程中也发挥了重要作用，高度的业务系统和财务系统的对接，以及专业化的财务共享服务运营平台的建立，也大大提高了财务共享服务的流程效率。

而智能时代的到来，也让我们对流程优化有了更多的机会。如机器流程自动化技术成为人们关注的热点，它通过在全流程过程中寻找流程断点和人工作业的替代机会，在很多企业业务流程优化陷入瓶颈后，再次提升了流程自动化程度。

更值得期待的是，财务共享服务业务流程将伴随着基于规则的初级人工智能的应用，以及基于机器学习的人工智能的到来而获得更多的改进机会。在新技术的影响下，现有财务共享服务的流程会先从多人工模式转向"人智结合"模式，并最终迈向智能化模式。在这个过程中，业务流程的优化和改变并不是一蹴而就的，比如会随着技术一步一步地改进，并最终实现从量变到质变的转换。

同时需要注意的是，智能化对财务共享服务业务流程的影响是端到端的，也就是说，财务共享服务运营的输入流程也在变化中，而前端的流程智能化进程也会对财务共享服务后端的运营模式产生重大影响，很多时候，财务共享服务中心从人工向自动化、智能化的转变根本上就是前端流程直接带来的。

四、财务共享服务中心运营管理

对于财务共享服务中心的运营管理来说，不少财务共享服务中心还停留在依靠人工进行管理分析的状态。所以，提升财务共享服务中心的运营管理水平，首先应当提升运营管理的基础信息化水平。

在提升基础信息化水平方面，可以通过借助信息系统实现绩效指标的管理，并应用于绩效看板和绩效报表。在准入评估方面，可以进行系统化的评估流程执行，并将评估模型系统化。在SLA和定价方面，能够基于系统进行SLA的各项指标的计算和出具报告，并据此结合定价标准测算出各服务对象的结算报表。在风险管理方面，能够将RCSA、KRI及重大风险事项管理三大操作风险管理工具系统化，并应用于财务共享服务中心。在质量管理方面，能够将质量抽检、质量结果反馈、质量报告出具等质量管理过程系统化。在服务管理方面，能够构建邮箱及热线系统，以支持客户服务的专业化。

而在智能时代，我们能够在上述信息化手段建立起来的基础之上，引入大数据技术，提升对财务共享服务中心在绩效分析、风险发现、质量评价、服务跟踪等方面的深入管理，依托更为丰富的数据输入，提升财务共享服务中心运营管理的层次。

五、财务共享服务中心外包及众包管理

外包与众包模式是企业财务共享服务中心采取轻资产运营的产物，外包模式由来已久，是相对传统的业务模式，而众包模式本身是智能时代的创新产物。无论是外包还是众包，都能在从人工运营向智能化运营过渡的过程中，帮助财务共享服务中心解决人工智能作业所需要的数据输入的问题。

结合OCR技术，并辅以外包或众包，能够在现阶段比较好地完成财务业务处理输入数据的采集工作。这些数据的获取能够让我们有机会在财务共享服务中心应用基于规则的自动化作业或机器学习技术，在国内还需要大量依赖纸质原始凭证的环境下，率先一步实现智能技术的应用。而在未来，前端数据的全电子化实现，将替代对外包或众包的需求，并最终迈向全流程的智能化处理阶段。

第二节　集团财务共享服务中心建设的战略思考

随着国内财务共享服务中心的风潮渐起，不少大型企业集团也加入了建立财务共享服务中心这个行列。但是企业集团建立财务共享中心和单一企业是不一样的，需要面对和解决更多的问题。我们从大型企业集团财务共享服务中心的建设策略、建设风险和实现路径三个方面来展开战略思考。

一、大型企业集团实施财务共享服务的策略

大型企业集团建立财务共享服务中心需要面对自身独特的复杂性，并结合其特点选择合适的实施策略。

1. 大集团实施财务共享服务需要面对的复杂性

（1）多业态

大型企业集团经过多年的经营发展，有相当一部分已经实现了从单一业态向多业态的转变，对于此类企业，特别是对业态众多、跨度较大的企业集团来说，在实施财务共享服务时，在跨业态业务流程的整合与标准化、信息系统的整合与统一方面都将面对相当的复杂性。

（2）高速增长

多数大型企业集团已经进入高速扩张和发展的阶段，基于投资兼并方式扩大自身规模的发展模式更是常见。在这样的背景下，实施财务共享服务要考虑到未来发展增速带来的拓展性，以及在投资兼并模式下，新企业进入集团后系统不统一、制度标准差异化的环境复杂性。

（3）高定位

对于大型企业集团来说，在当前阶段建立财务共享服务中心必须考虑到方案及实现后效果的领先性，以获得管理层对项目的支持。所以，在项目设立之初便会设定较高的目标定位，也为财务共享服务的实施带来一定的复杂性。

（4）技术环境复杂

大型企业集团的信息化建设往往错综复杂，如财务系统众多、业务与财务

系统间的数据交互复杂等。在这样的环境下实施财务共享服务，其配套信息系统建设将影响现有的系统架构和接口，其技术难度也更高。

在这样的复杂环境下，实施财务共享服务需要进行更全面、更严谨的准备，并在顶层设计和落地实现两个方面均予以充分的策略考虑。

针对大集团财务共享服务的建设，在顶层设计层面，从"管模式"和"控变革"两个角度进行管理；而在落地实现方面，则可以重点关注"定标准""建平台"和"重实施"三个方面的内容。

2. 大集团实施财务共享服务的顶层设计策略

（1）管模式

大型企业集团的财务共享服务模式构建，需要从定位、角色、布局、路径四个方面进行规划设计。

a. 定位规划

财务共享服务中心的建立将带动整个财务组织的变革。因此，需要清晰地规划设计财务共享服务中心与集团总部财务、下级机构业务财务之间的关系。在财务共享服务中心建立之前，应当明确其在整个财务组织中的管控、汇报关系，明确各项业务横向与总部其他财务部门、纵向与基层财务之间的职责边界。同时，还需要考虑财务共享实施后，如何推动基层释放的财务团队的转型。

b. 角色规划

财务共享服务中心的建立未必在集团层面，因此需要明确集团或总部财务在建设过程中的职能和角色。常见的角色定位包括仅进行总体规划建立标准、规划并兼顾财务共享服务中心建设的项目管理、规划并直接负责共享服务中心的建设落地等。应当尽早明确集团或总部的角色定位，并进一步明确其与下级机构之间的角色分工。

c. 布局规划

大集团财务共享服务中心有单一中心和多中心两种模式，多中心模式又可基于流程、业态板块、区域或灾备等区分各中心的布局定位，企业集团建设财务共享服务中心时，应当提前明确布局规划，根据自身特点选择合适的模式。在选择时，可从业务的多元化程度和对业务单元的管控力度两个方面综合考虑。

d. 路径规划

大集团的财务共享服务中心建设难以一蹴而就，需要分批次有序推进，在推进路径上可以按照流程、地域或业务单元推进等多种不同的模式开展。各种推进模式均有利弊，总体来说，按流程推进对财务自身来说复杂性较小，而按地域或业务单元推进对业务部门的影响较小，企业集团可根据自身的实际情况进行评估选择。

（2）控变革

在顶层设计阶段，变革管理的重点是风险的预先识别以及风险预案的准备。在变革过程中，需要将更多的精力付诸风险事项的过程监控。财务共享服务中心的建设需要重点关注和管理变革风险，好的变革管理，能够为项目的成功落地带来重要帮助。

3. 大集团实施财务共享服务的落地实现策略

（1）定标准

大型企业集团的财务共享服务设立需要着重关注标准化，从组织、流程、服务水平三个方面进行规划设计。

a. 组织架构标准化

在大集团财务共享服务的推进过程中，组织架构标准化能够加速管理复制的速度，增强组织管控的力度，组织架构标准化首先需要对组织的职责进行有效的识别，先行建立流程和职责的标准化，在此基础上构建统一的管控关系和标准化的岗位体系。

b. 业务流程标准化

业务流程标准化首先应当构建清晰的流程分类体系，定义业务场景并建立业务场景和流程之间的对应关系。此后，基于细分动作，进行属地、职责、支持系统的标准化定义，并形成流程模板，进而汇编流程手册。推进流程标准化对大集团的业务规范将起到至关重要的作用。

c. 服务水平标准化

大集团的下级单位数量众多，人员规模庞大，推进服务标准化尤为重要。财务共享服务中心应当明确其对客户的服务模式、服务边界，并建立制度化的服务规范。在和下级单位客户进行内部结算时，还需要制定相关的指导标准，以明确双方的权利责任关系。服务管理相关内容也可以通过服务水平协议的方式进行规范和标准化。

（2）建平台

大集团的财务共享服务中心需要构建相关的作业系统支持平台和统一的运营管理平台。

a. 规范系统平台建设的要求

企业集团在建设财务共享服务中心时，应当对未来系统平台的架构进行规划设计，明确财务共享服务支持系统的主要功能、系统架构以及与外围系统进行集成的总体要求，进行合理的系统选型、需求设计、功能开发。同时，系统平台的建设，还需要设计完备的上线策略，妥善安排相关人员的培训。

b. 建设运营支持平台

大集团财务共享服务中心的人员数量、团队规模相对庞大，需要建立统一的运营支持平台，以提高整体的运营效率。在集团层面建立运营管理团队，形成自上而下的抓手尤为重要。在具体实施时需要明确集团财务共享服务支持平台的职能职责、工作方式，明确各级财务共享服务中心的运营绩效要求，并对结果进行评价。

（3）重实施

财务共享服务的最终落地是一个注重细节、复杂的过程，需要相关各方投入资源和精力。对于集团和总部来说，更应当积极地参与各业务单元财务共享服务的建设过程，树立标杆，促进全局计划的落地实施。

大集团财务共享服务的建设需要谋定而后动，从顶层设计和落地实现两个方面进行全面考虑，控制实施风险，提升实施效果。

二、企业集团实施财务共享服务的变革风险

企业集团实施财务共享服务的变革风险包括与业务部门相关的风险、与财务人员相关的风险、与业务领导相关的风险及其他风险四个方面。

1. 与业务部门相关的风险

（1）业务流程转变带来的满意度降低的风险

风险描述：实施财务共享服务后，业务流程将发生重大改变，报账凭证将

从面对面服务转变为异地服务，因为信息传递链条加长，如果管理不当，业务部门的服务满意度将存在下降的风险。

应对措施：在流程设计上应充分考虑上述因素带来的影响，减少对业务的冲击，减少不必要的审批环节，提升流程流转效率。同时，加强对全流程的时效管理，借助信息化手段提升业务处理效率，推动服务体系的建立，提升业务部门员工的满意度。

（2）财务共享后基层业务部门对变革抵触的风险

风险描述：由于对财务共享不理解，担心被侵权或利益被触及，财务共享服务中心的实施必然会面对来自于机构业务和财务人员的抵触。

应对措施：在实施方案中应充分安排沟通宣导，解决其关心的核心利益问题，获取各级领导和基层员工的支持。在实施过程中应尽量降低员工的抵触程度，缩短抵触周期。此外，应当明确业务部门比较敏感的领域不会发生变化，如资源配置权力、与银行等合作机构的关系等。

（3）财务共享后业务财务支持能力下降的风险

风险描述：财务共享服务后，由于基础财务核算和出纳职能上移至共享服务中心，如果没有及时落实基层财务的转型和业务支持模式，容易导致基础财务支持的脱节，带来业务部门的不满。

应对措施：在进行财务共享服务方案设计的同时，应当同步考虑基础财务转型后的工作内容的设计，财务共享的实施不应当削减基层财务过多的资源，而应当保留适当的人员实现结构化转型。

2. 与财务人员相关的风险

（1）财务共享服务后人员调动和分流的风险

风险描述：财务共享服务后，基层员工存在调动至共享服务中心、转型至业务财务、分流至其他部门甚至离开公司的可能性，人员的抽调存在员工难以适应易地变迁，产生抵触情绪的风险。

应对措施：针对基层财务人员进行财务共享宣导，帮助其及时了解财务人员的未来工作意向，在人员安排上尽可能实现匹配。积极做好调动和分流人员的安置工作，以保障变革平稳推进。

（2）财务共享服务后基层财务人员转型的风险

风险描述：在基层财务中涉及转型业务财务的员工，由于长期从事核算和出纳工作，此类人员的转型受其工作经历、学习能力的影响，可能出现部分人员转型困难的风险。

应对措施：通过多种方式加强对基层财务人员转型的培训，同时，针对业务财务工作建立自上而下的指导体系，对各项工作建立标准化和模板化的工作指引，降低转型后的工作难度。

3. 与业务领导相关的风险

与业务领导相关的风险包括两个方面。

（1）标准化对业务领导管理习惯改变的风险

风险描述：在财务共享服务建立过程中会进行大量的标准化，在对业务制度（如分级授权体系）进行标准化的过程中可能会影响业务领导的管理习惯，从而带来抵触。

应对措施：标准化的建立仍应当保留适当的管理自由度，通过管理模式套餐的方式，平衡差异化的管理需求和标准化的诉求。

（2）信息系统建立后对业务领导审批习惯改变的风险

风险描述：实施费控系统和影像系统后，业务领导的审批模式将从纸面审批转变为电子审批，业务领导难以再见到实物单据，带来审批习惯的转变，部分领导难以适应，会带来抵触风险。

应对措施：需要公司从文化和理念上进行自上而下的转变，明确业务领导审批应更多地关注业务的真实性与合理性，财务审核的重点则是管控原始凭证的真实性。

4. 其他风险

风险描述：财务共享服务的实施需要完善的 IT 系统的支持，在较短的时间内完成费控系统、共享作业系统、影像管理系统等多个信息系统的部署。同时，需要打通系统间的接口，尽可能实现业务的自动化处理，提高业务处理效率。由于涉及多家供应商，对系统建设的项目管理存在风险。

应对措施：借助第三方监理进行统一的 PMO 管理，通过统一协调的管理平台，保障系统实现进度，控制实施风险。

三、集团财务共享服务中心的四种建设路径

模式一：一盘棋模式

在这种模式下，集团业态往往比较单一，由集团总部牵头并主持财务共享服务中心的建设，各项具体工作也由集团来统筹完成。集团总部制定全集团财务共享服务中心的总体规划路径，组织并负责实施推广。各业务单元在集团总部的统一领导下，全力配合共享服务中心的建设工作。因此，共享服务中心的建立往往是一鼓作气完成的，上线的时候就是一个统一的完整的共享服务中心。这种模式可称之为"一盘棋"的模式。

模式二：由点及面模式

在这种模式下，集团业态单一或者各业态的相关程度较高。集团总部在各业务单元分别选出几个试点单位，各业务单元试点单位分别建设各自的财务共享服务中心。之后，由集团总部根据各试点单位的建设成果，组织专人统一分析、提炼，形成集团统一的共享中心模式，并指导各板块其他成员单位进行推广与优化。这种模式可称之为"由点及面"的模式。

模式三：制度先行模式

这种模式比较适合相关多元化集团。可以由集团总部先行出台集团整体的财务共享服务中心的规划与指引（包括组织建设与汇报关系、业务模式、服务机制、系统功能、制度体系等）。各业务单元遵从总部的规范，结合其具体业务特征，自行建设财务共享服务中心。因此，最终建立的共享服务中心可能是基于多元业态板块的多中心模式或者一个大中心下多个分中心模式。

模式四：上下结合模式

这种模式在实际中的案例并不多，可以考虑在非相关多元化的集团内进行尝试。在这种模式下，集团总部建立一级财务共享服务中心，将各业务单元具有共性的或易于集中的业务进行共享（如费用报销、资金结算等）。各板块将剩余的交易处理业务进行共享，形成二级共享服务中心（如应收、应付管理等），二级共享服务中心向一级共享服务中心汇报。二者需同步建立，因此从路径的角度可以理解为一种并行路径，可称之为"上下结合"的模式。

企业集团可以结合实际情况，灵活地选择和使用以上四种模式。

第三节　机器作业的数据前置准备

财务共享服务领域最近出现了"财务众包"的概念。听起来有些特别，这究竟是怎么回事呢？事实上，众包概念的出现已经有些年头了，并不是什么新概念。但是在财务共享服务领域引入众包的概念，的确是相对创新的一件事情。那么很多朋友可能会有这样的疑虑，既然已经是共享模式，已经基于科学管理思想通过集中作业的方式在进行劳动分工，为什么还需要众包呢？

在笔者看来，众包出现与财务领域和智能时代的来临有着密不可分的关系。在人工智能和财务共享服务中心的人力替代战争中，众包是机器作业的前置补充之一，它正在和人工智能一起面向传统财务共享服务模式发起进攻。下面我们一起来深入探究财务众包的秘密。

一、什么是众包

众包是指一个公司或机构把过去由员工执行的工作任务，以自由自愿的形式外包给非特定的（而且通常是大型的）大众网络的做法。

众包模式和传统的运营作业模式存在着显著的差异，并具有任务颗粒化、技能低门槛、时间碎片化、组织网络化和收益实时化五个特点。

（1）任务颗粒化

众包可以说是劳动分工更为深化的应用场景，如果说劳动分工理论把一个复杂的业务处理推动为流程化、分环节作业的模式，那么众包模式就进一步将工作任务化，达到了更细的颗粒度。

（2）技能低门槛

任务高度颗粒化直接带来的好处就是任务的复杂性得到降低，每一个小的任务颗粒对技能的要求将大大小于组合起来的一个完整的流程环节对工作技能的要求。这使得社会上大量的并不掌握复杂技能的普通人员能够参与到众包的工作中来，并且使用极低的成本来完成相关工作。

（3）时间碎片化

在传统的流程管理中，往往需要整块的时间来完成某一项工作，而且流程中间多数是串行关系，要求工作时间具有连续性。而在众包模式下，任务颗粒化后会出现越来越多的在同一时间内的并行任务，从而对时间连续性的要求有所下降，形成任务处理时间的碎片化，所以可以由互联网上的众多个体在同一时间并发完成多种类型的任务。

（4）组织网络化

如上文中所谈到的，当技能门槛降低、任务颗粒化且时间碎片化后，众包的人员组织形式可以实现网络化。众包会有大量的社会化资源参与，形成网状的任务交付结构，而最后由任务的发包方完成这项任务的流程化组装和应用。

（5）收益实时化

对于众包网络中完成任务的个体来说，因为单个任务的收益很小，实时的收益计量是其持续参与的核心动力，收益实时化并不是要求随时支付，而是可以实时告知作业用户获得了多少收益，定期进行结算。

上面所述就是众包模式和传统运营模式的显著不同之处。

二、如何实现财务众包模式的落地

因为众包是新兴的创新模式，从方法到技术平台各方面均存在挑战，要成功实现众包模式的落地，需要在前期有严谨的思考和设计，方能达到预期的效果。下面从众包的业务内容、技术平台以及运营模式三个方面来谈谈如何实现众包模式的落地。

1.确定可众包的业务内容

在评估是否可以众包的时候，有几个原则需要加以考虑。

（1）业务是否能够进行充分的标准化乃至颗粒化

复杂的业务没有办法让技能单一的社会参与者进行处理，必须要进行颗粒化拆分，而能够拆分的前提就是可以标准化。

（2）任务必须不存在信息安全隐患

众包的对象和信息的流转渠道是完全不受控制的，所以发包信息必须不存在信息安全的强要求，否则会产生风险。

（3）对于时效的要求有适度的容忍性

众包需要有派工、等待、双人核验等过程，如果等待超时还要有二次分派的过程，虽然可以对时效进行一定的管控，但如果对时效要求极高则不适合进行众包。

基于以上分析，在财务流程处理中有哪些业务内容可以考虑纳入众包的范围呢？以费用审核为例，如果从人的动作的角度来看，审核过程可以分解为"信息的读取"加上"和既定规则的比较"。"和既定规则的比较"属于技术含量较高的部分，并不适合众包处理，在未来需要更多基于人工智能的机器审核来完成。

从可操作性上来说，"信息的读取"可以考虑作为众包的核心内容，它能够满足上文中所提到的标准化和颗粒化的要求，由于对人的技能要求不高，更适合采用众包模式。而这个环节的产出也可以作为智能审核的数据基础。在实践中，标准发票、企业结构化单证中涉及的科目和金额，如在风险控制线内，则可以采用众包模式来进行信息录入。

2. 众包技术平台的搭建要求

在具体实操的过程中，需要有技术平台来支持众包业务。在具体的技术平台设计上，应考虑以下特点要求。

（1）技术平台具有高稳定性

由于是面对大用户量的平台，因此需要能够在大并发下高效率响应。另外，由于每个任务都是颗粒化的，单任务处理的周期短，任务会频繁地被分发和回收，进一步加剧了性能压力。因此，要充分考虑平台的稳定性。

（2）技术平台具有高安全性

由于在平台上直接处理的是财务单据信息，虽然是碎片化分割出去的，但一旦发生数据泄露，大量碎片的再组合就会出现完整的、有价值的商业信息。因此，平台需要在安全性上给予很高级别的考虑。

（3）技术平台具有高易用性

在平台上从事作业的人员技能水平不高，如果平台操作复杂，则多数用户都会难以适应，甚至根本无法开展工作。所以，在设计平台时需要尽可能做到傻瓜式设计，降低上手难度，使平台上的作业轻松愉快，而非充满挑战性和复杂性。

（4）技术平台需要兼顾 PC 端和移动端

参与众包的用户，一类是以此为主要收入来源的固定用户，每天会处理大量任务，极其追求作业效率，此类用户适合使用 PC 端作业；另一类是以娱乐和赚取零花钱的心态参与众包的非固定用户，考虑到此类用户碎片化作业的需求，更适合使用基于 App 或微信小程序的移动端作业。

3. 众包技术平台的核心功能

在明确了众包平台所需具有的技术特点后，我们再来看一下众包平台对功能层面的主要考虑要点。

（1）任务拆分和组装的功能

在通常情况下，众包平台并不是任务的源头，需要从其他系统中导入任务。进入平台的任务是整件业务，需要在平台中进行拆分，并创建关键索引，后续派工基于拆分后的碎片任务进行，作业完成后，需要在平台中进行进一步的任务组装，组装时基于任务拆分时的关键索引进行。

（2）任务分派和调度的功能

平台不适合进行主动式任务推送，因为我们并不知道众包平台用户现在是否有意愿进行任务处理。所以，平台的任务分配采用主动提取式。主动提取后的任务需要设置基于时间的调度管控，由于用户很可能在提取任务后因为突发情况或者主观意愿，放弃了对当前任务的处理，这就需要对所有任务设置倒计时管理，在计时结束后对没有完成的任务进行取回重新分配。

（3）多人作业核验的功能

由于作业质量无法按传统模式进行流程化质量检查，因此需要在机制上做特别的设计，常用的模式是双人作业、系统核验，就是将同一个任务同时分派给两个不同的作业人。如果作业结果一致，则认为任务质量是合格的；如果不一致，则引入第三人作业，其作业结果与前两人的作业结果比对，如果一致，则以一致结果为准，否则转入问题处理。

（4）计费和结算的功能

由于要对社会上零散人员进行计费和结算，这就需要基于任务来定义计费单位，如录入类任务可按字节计费，审核任务可按复杂度和页数来综合计费。无论采用何种方式，都要确保计费依据客观、可度量。系统根据数据自动计算用户作业绩效，并自动结算。此外，可考虑支持网络结算。

（5）用户和用户能力管理的功能

平台用户量大，需要进行必要的身份验证，如身份证核验、技能证书核验等。此外，需要建立基于作业质量、信用、技能等的综合模型，对用户进行分类分级管理，允许晋升用户的级别。

上面我们从众包平台的技术要求和功能要求两个方面谈到了相关的设计和实现要求，完善的技术平台能够帮助众包平台实现高效运营和管理。

4. 构建众包的运营模式

有了技术平台后，再结合科学的商业运营模式，可以正式实现众包模式的落地。在通常情况下，众包的运营模式从目的的角度可以分为两大场景：一种场景是以参与方的身份，从解决自身人力需要出发，希望将众包模式作为工具来应用；另一种场景是以运营方的身份，将自身转型为服务平台，为更多的企业提供众包服务，两种不同的身份在众包运营中的考虑和模式是显著不同的。

（1）作为参与方身份的运营模式

作为参与方，重在使用和利用好众包。因此，参与方只需要专注于如何推广众包平台，将用户吸引到平台上来进行作业，并且保持稳定的质量水平。在这个过程中，主要需要考虑以下几点：宣传推广众包平台；找到恰当的定价水平；加强平台用户的黏性。

（2）作为运营方身份的运营模式

作为运营方，需要完全覆盖参与方的角色。上文中所谈及的参与方的各项运营要点，在运营方这里都要做到，甚至更好。而在这一基础之上，运营方还需管理好任务的来源。对于运营方来说，最重要的是要让平台变成中介，能够在平台上导入大量的任务，同时也有大量的资源来承接运营任务。如果要向众包平台上的大量企业客户发布任务，则需要做好以下几项运营工作：吸引企业客户进驻平台；面向企业客户提供稳定高效的系统对接服务、专业化的服务支持以及丰富的数据支持。

三、为什么可以将众包作为机器作业的前置准备

当明白了众包的概念、财务众包可以做什么，以及众包如何落地后，我们再来谈谈为什么可以将众包作为机器作业的前置准备。

事实上，在理想的机器作业模式下，原始数据最好不要依赖人工采集。也就是说，前端的各类信息系统，包括业务系统和财务系统，能够为我们提供用于规则审核的完整的数据信息。

但遗憾的是，至少在目前的条件下，还很难做到这一点，一方面，在外部环境中存在大量的纸质发票，使得我们必须要去提取这些纸质发票的信息并验证其真实性。另一方面，在企业内部由于管理水平还没有完全跟上，很多业务单证仍然是纸质形态，且难以做到高度结构化。在这种情况下，还是要依靠人工完成前端信息的提取，为后续的机器作业提供必要的数据基础。而在传统财务共享服务模式下，共享服务中心的员工难以适应如此低专业性的工作，会严重降低职业兴趣。众包模式的出现正好填补了这一阶段性的空白，在后端已经有能力进行机器作业的情况下，前端用众包模式能够低成本地实现信息的采集和输入。因此，我们说众包是机器作业在特定时期、特定环节中的前置准备是不为过的。

当然，这种局面并不应该持续很久，来自于各方面的力量都在试图改变这种前端非电子化的财务信息输入。未来，随着电子发票的快速普及和推广，发票信息会实现全面的电子化，这将为后续基于人工智能的机器作业带来极大的推动。

与此同时，伴随着OCR（文字识别软件）技术的进步，可以将机器学习技术应用到OCR工具中，从而提高识别率，使得我们有条件实现更为广泛的各类业务单证的自动化信息采集。这一模式也将大大降低对众包的依赖，而众包与OCR技术的结合，能够成为在电子发票全面推进前的过渡，成为为机器作业提供数据基础的最佳拍档。

对于众包模式，无论未来是否还有其存在的必要性，但至少在现阶段有一定的价值和意义。

第四节　RPA 财务机器人

这阵子，各家公司的财务机器人在互联网上得到热议，可谓出尽了风头，也让大家的好奇心被充分调动起来。在第一次看到财务机器人的概念的时候，相信很多人和笔者一样，脑子里浮现的是一个机器人形象，紧接着，又在想象，这个机器人是否已经实现了人工智能，能够基于机器学习自行处理很多复杂的场景。但实际上，不得不说财务机器人这个概念被抛出的时候，留给我们的想象空间稍微大了一点。很快，笔者得到了来自某家内部人士的解释，也让我的一颗好奇心终于落地。所谓的财务机器人指的是RPA的概念，不懂什么是RPA？没关系，让我们来共同解读。

一、RPA非人形

RPA的全称为Robotic Process Automation，即"机器流程自动化"。如何理解呢？就如标题所说的，RPA并非长成机器人的样子。RPA的本质是一个软件产品，它并不复杂，甚至比想象中的还要简单。笔者尝试通过它的七个特征来帮你理解。

1. 以跨应用系统的外挂形式存在

讲到RPA的存在形态，务必要睁大眼睛，RPA并不是想象中的一个独立的复杂系统，是在企业现有的系统上进行的嫁接。如用户电脑中的两个应用系统A和B，原先需要通过人工将A系统中的数据读取出来，再由人工录入B系统，现在就可以借助RPA在两个系统之间实现一个外挂，自动将A系统中的数据提取出来，并填充到B系统中。RPA并没有和A、B系统进行深度集成，而是一个外部挂机的自动化脚本通道。

2. 能够进行可视化的监督管理

对于RPA来说，很重要的一点在于它建设了针对跨应用程序运行脚本的监控平台。如果没有这个可视化的监控平台，RPA就和科技部门在后台写的脚本程序更像。通过这样的一个前台可视化的监督管理工具，能够记录RPA中完整的行为，并且使这些脚本在可监督模式下运行。

3. 可以通过简单的开发实现

从应用实施的角度来说，RPA是简单化的，据此，笔者觉得它与Office宏的概念十分相似，并不需要通过复杂的开发就能够实现应用，最多达到类似于VBA的复杂程度。当然，从技术层面来说，Office宏或VBA工具仅能在一套应用程序体系内使用，而RPA能够在统一操作平台上打通多个应用系统，这是显著不同的。

4.部署周期很短

RPA有成熟的产品体系，能够进行简单、快速的部署实施。从时间周期上看个简单的场景可能几天就可以完成开发，数周时间能够实现可用。但需要注意的是，RPA的实施更多地需要在流程梳理方面下功夫，对于可以应用RPA的流程场景的识别，以及使用RPA后流程的标准化管理机制的设计和应用都是需要重点关注的。一个缺乏标准化约束的机器人将是财务工作的灾难。

5.基于设定自动执行流程

RPA一旦部署完成后，就可以基于计划任务或触发条件来自动执行，而不需要依靠人工进行触发。从这一点来说，还有那么点机器人的意思。当然，自动执行的背后同样需要对于流程的事先设计，以及对于流程执行的时间和顺序节点进行有效的事件管理，自动执行后的RPA也需要进行必要的监控。

6.善于解决重复应用场景

RPA最擅长干的事情就是对流程中一个重复的人工场景进行自动化。尽管从优选的角度来说，我们会考虑进行系统的深度集成，从根本上解决问题，但是在有些情况下需要人工衔接的系统并不在我们的掌控之下，如纳税申报，需要与税务系统进行对接，系统集成就受制于监管系统的开放程度，而RPA可以在这种情况下发挥其外挂的长尾价值。

7.能够模拟人的行为串行执行

还是用Office宏来举例，RPA能够把一连串的流程整合起来执行，并且是拟人化执行，比如执行复制、粘贴等系统已经内置的操作命令，并串起一个流程。这个过程是高度模仿人的行为方式来进行的，可以理解为本书开篇所谈到的仿生学让飞机扇翅膀起飞的方式。而深度集成则类似于空气动力学让飞机飞起来的模式。

好了，到这里说完了RPA的七个特征，相信你已经有点概念了。这一类产品走的是仿生学道路。它用一个独立于企业现有业务系统的应用程序，在不改变现有系统对接方式的情况下，模拟原本依靠人工执行的系统内或系统间的衔接操作。

比如，销售系统中的订单数据原本要靠人工录入ERP，RPA就会模拟这个过程，将销售系统中需要录入的订单数据读取出来，并登录ERP，模拟人工录入的方式,把数据录入进去,然后和人工一样,单击"保存""提交"。看,这就是 RPA。

二、RPA 是迈向人工智能的必经阶段

下面要说的一个重要的认知问题是,RPA 这个财务机器人在整个智能化的发展进程中是怎样的一个阶段定位。

首先,还是从笔者个人的角度来理解 RPA 的阶段,在笔者看来,这件事情的出现就像一个善于做复杂逻辑题的高手,突然间遇到了一个脑筋急转弯的问题。在正常的演进路径上,我们从独立部署的系统开始,积极地推进系统间集成,最终完成全流程的无缝对接和高度自动化。同时,也在另一条路径上实现了机器学习和人工智能。而这个时候,RPA 讲了一个脑筋急转弯的故事,它说,你不用去解决复杂的问题了,系统没有集成又如何,我从外面帮你架座桥,把河跳过去就好了。

在有了这个基础理解后,我们再来探讨 RPA 是否可以被逾越的问题。在笔者看来,没有 RPA,主线任务还是会继续前进的,财务迈向人工智能的路径不会受到任何阻碍,而 RPA 作为支线任务,应该看清楚自身的定位。在整个过程中,RPA 是有自身的价值和定位的,但是并不是必要条件,如果企业没有选择使用 PRA,同样能够从独立系统正常迈进高度集成与自动化、人工智能之路。

因此,结论是 RPA 并不是迈向人工智能的必经阶段。

三、这样的机器人是否还有价值

当认清了 RPA 这个财务机器人的支线命运后,还是要客观地来看看 RPA 这一类产品的商业价值。虽然说是支线任务,但也不排除可以挣到大量的经验值。

首先,在谈价值的时候,一定要有清晰的预期和认识,对于 RPA 来说,它的核心价值在于对现有企业系统或流程集成不足的补充,而并非根本解决。同时,它对于企业迈向真正意义上的人工智能的帮助是有限的。在笔者看来,有限的价值主要体现在实施过程中,对系统和流程断点交互规则的梳理,这对于未来实现真正意义上的集成和自动化是有所帮助的。

那么，裸奔的财务机器人真的没有价值了吗？并非如此。对于RPA的价值，我们还是要回归到它解决问题的机理和本质上来进行研究。有时候，小角色也能改变社会。

虽然RPA财务机器人或多或少有些取巧，但在企业的实践中，对于财务的日常工作，尤其是集聚了大量手工作业的财务共享服务中心来说，有着不小的价值挖掘潜力。作为一个阶段性地缩减人力的工具，RPA是可以考虑的方式。

四、财务机器人的市场

那么，对于RPA财务机器人来说，如果企业要使用，市场上都有什么样的产品可以选择，又有哪些服务商来提供实施支持呢？

当笔者深入了解了RPA后，发现市场上已经出现不少成熟产品。对于媒体上宣传的财务机器人来说，严格地讲是实施商帮助客户实施了某个RPA产品，而并非自己研发出了一个财务机器人的概念。因此，可以清晰地看到，RPA市场和ERP市场有些类似，玩家包括产品提供商和服务提供商，二者相互配合实现商业交付。

1. 市场上主要的产品

在RPA领域中非常重要的一个产品是Blue Prism。Blue Prism于2001年成立，在伦敦、曼彻斯特和迈阿密均设有办事处，致力于为开展全球业务的各公司提供独特的机器人自动化软件。当前该公司从事业务流程外包，为政府、金融、能源、电信和医疗卫生等领域提供服务。Blue Prism曾在高德纳（Gartner）2013年报告中被评为"业务流程服务"领域的"最酷供应商"。由此看来，这个领域的产品早已出现，并不神秘。

另外，这个领域的产品还包括Automation Anywhere等。但这些产品都是国外的，对于国内来说，并没有看到成熟的本土产品。

对于这些产品来说，其商业模式主要是通过收取软件授权费用的方式来实现的。如某个主流RPA产品，每年按照使用RPA的终端计算机数量来收取软件授权费用。如果按照标准价格，单个授权的价格达到每年数千美元，这个成本对很多企业来说还是比较高的。当然，进行战略合作的大型客户可以在商务上获得不错的折扣。

2.市场上主要的服务提供商

似乎传统的咨询服务商开始成为这个领域的玩家,四大会计事务所先后发布了其财务机器人的解决方案,埃森哲也提出了相应的方案,并且在其BPO中心广泛地应用了PRAM。

笔者在咨询行业也工作了不少时间,以笔者的经验来分析,RPA本身在技术上并不复杂,而咨询厂商恰恰借助这个概念,再次抛出了流程标准化和规则梳理的咨询解决方案,这块蛋糕应当是远远大于RPA实施的。我们还需要通过市场上的项目情况,来进一步判断咨询服务商在RPA领域的实施能力。一个好的实施商,必须在财务各领域的业务流程管理、财务共享服务和系统架构诊断方面具有全面综合的能力。

五、另类高级财务机器人的设想

从上面的分析中能够看到,RPA在企业的财务场景中解决了一部分特定条件下的自动化问题,是一个长尾解决方案。笔者在此基础上进一步思考,在深度集成和RPA之间,是否还有其他的可能解决方案?

在这种思路的引导下,笔者提出了一个另类财务机器人的设想,不妨称之为高级财务机器人,即PSRPA(Senior RPA)。

1.SRPA的特征设计

那么如何来定义这样一个高级财务机器人呢,可以定义以下几个特征。

(1)能够解决特定的财务自动化场景问题

RPA通过采用脚本工具,解决多场景流程断点的问题,它是一个通用工具,以不变应万变。而笔者定义的SRPA则首先识别财务中具有高度需求的自动化场景,并针对这些高频场景分别设计专业化的财务机器人,用专业化的机器人解决专业的事情。所以,高级财务机器人将解决特定的财务自动化场景问题。

(2)能够可视化管理

高级财务机器人与系统内的代码不同,每个处理专门问题的高级财务机器人都需要实现可视化的管理。在可视化管理的窗口中,能够动态监控每个机器人的自动化处理业务量、稳定性及积压情况,并在必要时提示管理人员进行干预。

（3）能够封装且独立运行自动化规则

由于是针对特定场景进行的个性化机器人设计，所以会考虑针对每一个高级财务机器人，在其内部封装一套独立运转的自动化处理规则。这套规则与其服务的业务场景相匹配，也是这类场景的高度抽象，能够满足不同企业在同一场景下的应用。

（4）具有清晰的输入、输出并能够进行规则配置

对于每一个高级财务机器人来说，都需要有标准化的输入和输出接口，并允许用户在前台界面对其自动化处理规则进行参数化配置。尽管解决的是同一场景的问题，但其中仍然会存在大量针对应用细节的参数化配置。

（5）能够具备产品化的条件

最后，之所以要把高级财务机器从集成系统中分离出来，就是希望它能够存在产品化和复用的可能性。这样，对于一个系统集成环境复杂，但存在多个类似场景的企业集团来说，可以对它进行充分的复用，甚至可以作为一组应用产品推向市场。

2.SRPA可以应用于什么样的财务场景

当对SRPA有了一个整体的想法后，可以进一步思考，将它应用于什么样的财务场景，或者说将什么样的财务场景封装为一个高级财务机器人。

在这里，笔者举一些简单的例子。比如在发票的信息采集过程中，需要使用OCR技术，并通过人工来进行非可靠信息的补充录入。这一过程就可以封装为一个SRPA。此外，基于人工配置规则的费用自动审核过程也可以成为一个独立的SRPA。

可以想到的例子还有很多，如基于机器学习的自动审核过程、发票真伪校验、银企对账等，都可以成为具有推广价值和产品化价值的高级财务机器人。笔者希望看到的是在财务领域经常困扰大家的人工场景都可以封装并组件化，这相对于目前的RPA来说会对财务领域有更大的帮助和价值。

当然，以上对SRPA的设想还在笔者的概念设计中，同时，笔者也正在积极地推动其落地实现。

第五节　人机协同

在财务共享服务领域，业内同仁一直都在关心什么时候人工智能才能开始向人工作业发起总攻，并最终实现机器取代人工。虽然这在未来是必然的趋势，也是让人充满憧憬的，但也必须要认识到，这一进程是需要时间的，并且要循序渐进来实现。而在这一进程启动时，基于人机协同的初级人工智能模式成为现阶段可行、可落地并且能够快速提升财务共享服务中心产能的机遇，我们不妨称之为机器作业取代财务共享服务的起手姿势。

一、财务共享服务中心智能化的机会在哪里

在我国财务共享服务中心是近十余年来受到高度重视，并快速发展起来的创新财务运营模式。在这个过程中，财务共享服务中心本身体现了财务的创新和自我突破的能力，很多企业通过建设财务共享服务中心实现了从分散运营向集中高效运营的转变。并在这个过程中提高了运营效率，降低了成本，提升了风险管控能力。时至今日，智能化的到来让财务共享服务也感受到了进一步提升的压力。越来越多的企业在创建财务共享服务中心的同时，已经不得不进一步思考智能化会带来怎样的影响。值得庆幸的是，我们能够看到，财务共享服务为智能化建设打下了很好的基础，可以说，如果没有经历这个过程，中国的企业很有可能在智能化的浪潮中被全球的领先实践远远抛下。

那么在财务共享服务向智能化的转型中会有什么样的境遇呢。财务共享服务先天所具备的规模经济、规则标准以及信息技术优势，让我们能够更容易地抓住智能化的机会。

1. 共享中心具备智能化的规模效益基础

对于智能化来说，作业规模越大，所带来的规模效益越显著。这也是为什么人工智能技术在金融、电商等产业规模及数据量庞大的行业率先得到应用的原因。而当我们考虑将人工智能技术应用于财务领域时，同样需要找到具有规模效益的场景作为切入的机会点。在这一背景下，我们不难看出，财务共享服务中心的特性与规模效益这一需求是高度契合的。

财务共享服务中心从本质上实现了类似于会计工厂方式的集中运营作业。在这种模式下，大量原先分散在各分支机构处理的财务业务，被集中至财务共享服务中心按照流程化的模式进行运营处理，这种基于专业分工的大规模作业较之传统财务呈现出极大的规模效益。而在智能化模式下，通过机器作业对当下大规模人工作业的替代，规模的价值将得到进一步的挖掘，财务共享服务为智能化奠定了扎实的规模基础。

2. 共享中心具备智能化的规则标准基础

智能化的实现建立在数据的基础上。规范化、标准化的数据基础能够加速智能化的进程。而在获得了被打上丰富标签的数据后，我们就掌握了大量优质的生产资料，通过对业务处理的规则化，智能系统能够基于生产资料形成生产力。

对于财务共享作业来说，我们需要将大量的来自于业务前端的原始凭证通过审核作业规则处理后，进行合制度、合规与否的判断，并形成会计信息的产出。在传统模式下，这个过程是依靠将审核规则交由每个作业人员学习掌握后，再基于人工来进行处理的。而智能化在财务共享服务中心的实现逻辑也是类似的，唯一的差别在于需要通过信息系统来获取规范化的数据，并将规则梳理植入系统来进行作业处理。

值得庆幸的是，财务共享服务中心为了更高效地培养作业人员，在对作业规则的标准化上已经进行了大量的前置工作。大量原先要靠所谓的专业判断力进行解析的制度、规则，在财务共享服务中心已被清晰地定义，这使得我们可以进一步考虑将这些规则拆解为计算机能够理解并执行的部分，减少大量的工作量。试想，如果没有经历这一过程，智能化规则梳理将是一个难以承受的挑战。

3. 共享中心具备智能化的信息技术基础

最后，我们也必须意识到，智能化是信息技术的进化。也就是说，我们很难在智能化的进程中实现跳空式的发展，即使是基因突变也要有突变的基础和载体，对于智能化来说，互联网技术和信息系统是其最基本的载体。

对于财务共享服务中心来说，尽管早期也有一些共享中心尝试基于脱离信息系统的人工流程来进行处理，但很快便发现这条道路之艰难，并快速地转型为信息化。而今天，大部分财务共享服务中心都使用了影像系统、共享派工、运营管理等作业工具，也实现了与会计核算系统、资金系统的自动化对接与制证。这些技术的广泛应用，让智能化在财务共享服务领域的实现具备了良好的技术基础，也避免了跳空危机。

二、如何实现财务共享服务中心的人机协同智能化

当认识到财务共享服务中心先天具备了智能化的基础之后，越来越多的企业跃跃欲试，希望能够抓住智能化的机遇，在财务共享服务之路上实现向智能化的大转折。虽然目标是清晰且丰满的，但现实是骨感的。作为新兴技术，与财务共享服务场景的融合并不是一件容易的事情，要想一步实现智能化，实现机器替代人工作业似乎并不可行。在大量实践基础的积累之上，一种变通的思路被提出，即基于人机协同的智能化，让财务共享在智能化之路上实现质的突破。在人工与机器自动化相结合的条件下，借助OCR（Optical Character Recognition，光学字符识别）、网关、风险分级引擎、规则引擎所构建的人机协同智能共享技术成为过渡阶段一种具有落地性的选择。

1. 数据采集的人机协同

要实现财务共享的智能化，首先要解决的是原始凭证如何数字化的问题。遗憾的是，目前财务原始凭证的结构化水平严重不足，在营改增之前，我国的发票种类繁多，要想获取发票中的信息，更多的是靠财务共享作业人员逐张审视。这种状况在这两年得到了改善，随着营改增的推行，越来越多差异化的发票样式向增值税专用发票和普通发票统一，使得我们有机会采用新的方式来处理原始凭证。OCR技术在这一领域被积极地运用。

实际上，利用OCR技术提取发票信息的实践一直在进行着，但如上文中所说的，在原始凭证特别是发票种类繁多的时候，使用OCR技术的难度是很高的。由于现行的OCR技术主要还是基于模板配置的方式来进行采集准备的，这使得模板开发和优化的工作量巨大，再加之识别率的不足，使得不少尝试胎死腹中。但随着发票样式的统一，这一模式再次被提上议程，基于OCR技术，针对增值税专用发票和普通发票的定向优化，能够将识别率提升到可接受的水平。

但我们必须要认识到，100%的OCR识别率是难以做到的，这使得全自动化的最后一步难以迈出，在这种情况下，人机协同模式的出现打破了僵局。通过在流程中植入OCR后的人工补录流程，让我们能够以较小的代价来实现全信息的数字化。通过实践看到，人机结合的OCR采集模式充分利用了识别技术的优点，也克服了阻碍最后一步的难题。当获取了完整的信息后，下一步的自动化机会豁然开朗，并呈现在我们的眼前。

2. 共享派工的人机协同

在缺少数据支撑的情况下，财务共享服务中心在作业时通常是采用随机派工的方式，通过强制分派或者抢单的方式来实现作业任务的分派。这种方式的优点在于能够带来任务分派的公平性，减少不必要的协同问题。但也存在不足，采用随机分派的方式，忽略了不同任务之间风险水平的差异，也忽视了共享作业人员之间能力的差异。

当我们尝试去正视这个问题的时候，会发现，如果能够将任务的风险水平与员工技能水平匹配，那么就会获得收益。这种收益来自于风险更高的任务由技能更强的员工来进行处理，从而提高了管控风险的能力，而低风险的任务交给系统或者低水平的员工来进行处理，进而降低了成本。这打破了现行共享服务主流的大锅饭模式。而当我们能够使用计算机进行自动的信用与风险分级后，再结合相匹配的人工作业，就实现了另一种方式的人工协同。

当然，要做到这一点并不简单，最大的挑战是如何识别并定义每一个进入共享中心派工池的作业任务的风险等级。在原始凭证数据化之前，这是很难实现的，但随着数据采集人机协同的应用，我们获得了更为广泛的财务数据，在此基础上建立风险的分级模型，将任务分成不同的风险等级，并进行差异化的派工处理。但是在这个阶段，任务分级的模型算法更多的还是基于人员的作业经验，这在一定程度上限制了人机协同能力的最大化实现。

3. 共享作业的人机协同

共享作业的人机协同是最后一个环节，也是最重要的一个环节，在传统的财务共享服务模式下，共享作业任务的处理主要依靠作业人员掌握审核作业的规则要求后，进行人为的判断处理。这种处理方式虽然采用了劳动分工的科学管理方法，通过标准化降低了人工处理的难度，但是其背后仍然需要大量具有丰富经验的财务共享服务人员作为支撑。

在这种情况下，人们思考，是否有更好的方式方法来进一步优化共享作业模式？对于利用系统进行自动化处理的探索也一直在进行着。但受制于前端数据的不足，以及系统进行自动化处理的工具局限性，这一尝试的进展也是有限的。

但随着原始凭证基于采集人机协同的数字化进程的推进，一种使用规则引擎进行自动化处理的人机协同方式被提出，在传统模式下，需要靠人记忆并执行的作业规则被进一步颗粒化，并被植入规则引擎中。规则引擎依靠丰富的数据输入以及所设置的颗粒化规则进行批量审核作业，对于所有规则校验通过的任务，将免除人工处理；对于出现异常审核结果的任务，将转为人工处理。当然，这里的任务是指在上一环节中识别出的低风险任务，高风险任务仍然建议由人工处理。

在这个过程中，一个非常重要的概念是"规则引擎"。那么规则引擎是如何架构的呢？规则引擎可以理解为一个业务规则的解析器，在这个解析器中，原本一个相对复杂的规则被要求拆分为相对简单、可定义的规则包。每个规则包都涵盖了数据输入、算法处理、输出反馈的过程规则。而规则引擎允许我们定义大量的规则包，并将这些规则包管理起来协同运作，实现了将复杂的人工审核过程自动化处理。

这件事情说起来简单，但在实际的开发实现过程中需要克服几个困难问题。首先，需要让业务团队理解规则引擎中规则包的处理能力，也就是颗粒度。业务人员只有理解了这个概念，才有可能确保所拆解的规则颗粒是系统可实现的。其次，业务人员在理解规则包颗粒度的基础上，将共享作业规则进一步拆解和颗粒化。对于每一个拆解的规则都需要满足规则包所设定的可处理要求，不重不漏，是一个细致活。同时，这些规则高度依靠经验提炼，带来了需求人员的依赖性。最后，是规则的系统化。实际上，不少规则引擎还难以做到完全由业务人员自主定义，通常还有不少复杂的规则包要通过开发来实现。这些规则包需要消耗大量的开发资源，而且如果没有建立很好的需求和开发文档管理，也会造成潜在的规则或算法风险。

针对这些困难和挑战，我们也期待有更好、更灵活的规则引擎产品出现，使得共享服务智能化的发展进入高速时代。

三、未来机器学习将怎样带来财务共享的进一步智能化

人机结合模式的应用让我们在财务共享服务中心自动化、智能化的进程中找到了一个阶段性的过渡方法。但这并不是终点,一个好的平台应当尽最大可能打掉人工干预的断点。通过技术手段,将人机协同进化为人工智能的闭环是未来的必由之路。

在今天,我们已经看到人工智能技术高速发展所带来的希望。特别是机器学习领域的突破,帮助我们在 OCR、风险分级和共享作业三个领域有了一定的突破。

1. 机器学习提升 OCR 识别率和识别范围

传统的 OCR 技术是基于一套设定的流程来执行的,首先,对于输入的图像需要进行预处理,例如二值化、去噪、倾斜矫正等。其次,进行版面分析,将文档图片切分成一个个小的部分,对于发票来说,这种切分是可以基于发票的版面来进行预先设定的。最后,进行字符切割,将一个个汉字独立出来,并依据预先设立的字库对比来进行汉字识别。但这并不是最终的结果,还可以进一步基于语言上下文的关系来校正结果,这被称为后处理。在这种模式下,识别率受到多种因素的影响,特别是在字库对比和后校验环节很容易出现问题。

基于机器学习的 OCR 方式,能够通过对大量带有特征值和结果标签的影像进行监督学习,就像做题一样,告诉 OCR 引擎题目和答案。通过大量的训练后,机器学习能够自主地找到提升识别率的优化算法,从而持续地提升 OCR 的识别率。这种方法在针对同一性质的原始凭证进行大量的学习训练后,能够有效地提升 OCR 的识别效果。

另一方面,语义学习在 OCR 的后处理环节同样能够发挥作用。基于机器学习进行持续的语义训练,能够帮助 OCR 在后处理时以更接近人的思维逻辑,在几个模糊的、可能的选择中找到更正确的答案。持续的训练,同样能够提高后处理的精准度。

基于以上两个领域对机器学习的深入应用,能够不断提升 OCR 的识别率。同时,在一些传统 OCR 技术难以识别的领域,特别是手写体领域的识别将得以突破。事实上,在不少针对 OCR 机器学习的应用领域,已经出现了达到商用级别的产品。

2. 机器学习提升风险分级精度

在另一个领域，机器学习同样能够助力财务共享自动化水平的进一步提升。如上文中所说的，在传统技术下风险分级规则的设定是基于人的经验来总结的。这就必然会面对人的能力经验的局限性，甚至很多时候，由于缺乏相关经验，使得这一动作直接被搁置。

对于风险分级来说，其核心逻辑是基于输入的数据信息，评价每一份原始凭证的风险等级。这一过程和金融行业的信用评价体系是有所类似的。当获得了大量的输入后，通过所设定的算法得到一个风险评价的结果值。

当机器学习被应用于这一领域后，可以考虑先通过人工积累大量的训练题库，由共享服务中心的作业人员基于经验规则设定风险级别。这个设定过程的最终结果，可能是很难靠人力完全抽象为模型的。但当积累了一定的人机协同作业下的题库后，能够引入机器学习引擎，对当下系统中植入的经验规则进行学习优化，从而将人机协同的人的部分进一步机械化，而这一转换比例将在持续学习的过程中不断提升，并最终提升风险分级的精度。

当然，对于风险分级模型的优化，还有很多需要同步进行的工作，如报账人关系网络的搭建，以及报账人、供应商信用体系的搭建等。

3. 机器学习实现作业规则的自我优化

最后，机器学习的一个重要价值在于能够帮助我们实现共享作业规则的持续优化。和风险分级类似，在没有引入机器学习之前，我们通过规则引擎进行自动审核，而规则引擎中的规则是基于作业人员的经验提炼的。当基于规则引擎的人机协同模式获得了大量的历史题库后，同样可以基于机器学习引擎，优化和提升规则引擎中的规则从而实现人机协同向高度自动化、智能化的转变。

在财务共享服务中心，机器取代人工的进程已经启动，不是是否可以的问题，而是何时完成的问题。

第四章　企业智能财管的人员升级

第一节　企业智能财务管理的团队搭建

一、团队规模与组织结构

团队规模与组织结构是企业智能财务管理团队搭建中的重要考虑因素。在团队组建过程中,需要确定团队的规模和组织结构,以保障团队成员的合理分工和协作效率。

1. 团队规模

团队的规模是根据企业的规模和需求来确定的,这是一个非常关键的考虑因素。对于较小的企业来说,组建一个小型团队可能是更适合的选择。这样的团队通常由几名核心成员组成,包括财务经理和会计师等角色。这样的安排可以确保财务管理工作得到有效的推进和管理,同时也可以更好地满足小企业的财务管理需求。

相比之下,较大的企业可能需要建立一个大型团队来应对更复杂和庞大的财务管理需求。这个大型团队通常由多个角色的成员组成,包括财务经理、会计师、财务分析师、风险管理专员等不同的职位。这样的组建可以确保企业在各个方面的财务管理工作得到充分的覆盖和支持。

2. 成员与结构

无论是小型团队还是大型团队,团队成员的选择非常重要,在选取团队成员时,需要考虑到他们的专业能力、经验和团队协作能力。财务经理在团队中起到领导和决策的作用,会计师负责具体的财务数据处理和报表编制,财务分析师负责对财务数据进行分析和预测,风险管理专员负责监控和管理企业的财务风险。通过合理安排团队成员的角色和职责,可以确保团队工作的高效和协调。

组织结构的设计应考虑到团队成员之间的协作和沟通效率。可以采用扁平化的组织结构,减少层级,提升决策的效率和灵活性。此外,还可以考虑引入跨部门的合作机制,将财务管理团队与其他部门进行密切的协作,以实现信息的共享和协同工作。

团队组建还需要考虑到成员的角色分工。不同角色的成员在团队中承担不同的职责和任务,以确保财务管理工作的全面覆盖和高效执行。例如,财务经理负责制定财务管理策略和决策,会计师负责日常的账务处理和报表编制,财务分析师负责财务数据的分析和预测等。

此外,团队的组织结构和沟通协作也是团队组建中需要重点考虑的方面。为了确保团队成员之间的顺畅沟通和高效协作,可以采用扁平化的组织结构,减少层级,提高决策的效率和灵活性。此外,团队成员之间的交流和协作也需要得到重视。团队成员应建立起良好的沟通渠道,定期召开会议,共享信息和经验,并及时解决问题和提出改进意见。

通过合理的团队组建,企业可以确保财务管理工作的高效进行,促进财务管理的有效实施,为企业的发展提供持续的财务支持和保障。

二、团队成员招募与选拔

团队成员招募与选拔是企业智能财务管理团队搭建中至关重要的一环。在招募过程中,需要明确团队成员的需求和角色要求,以确保招募到适合的人才。首先,需要明确团队的核心职能和目标,确定所需的专业背景和技能要求。

1. 团队成员的选择

在团队成员的招募和选拔过程中,财务专业人员是团队的核心成员之一。这些人员需要具备扎实的财务知识和技能,能够处理和分析财务数据,编制财务报表,制定财务策略等。他们应该对财务法规和会计准则有深入的了解,并具备较强的数据分析和解读能力。

另外，数据分析师也是团队中不可缺少的成员。他们应该具备数据采集、清洗、分析和可视化的能力，能够通过数据分析提供对决策的支持和建议。他们还应该熟悉统计和机器学习等数据分析方法，能够从大量数据中提取有价值的信息和洞察。

随着信息科技的快速发展，团队中的软件开发人员也变得越来越重要。他们应该具备编程和开发技能，能够开发和维护财务管理系统、数据仓库和分析工具等。他们可以为团队提供定制化的解决方案，提高财务管理的效率和准确性。

除了专业技能，团队成员的团队合作能力、沟通能力和创新思维也非常重要。团队合作能力是指成员能够协调合作、相互支持，并共同努力实现团队的目标。沟通能力是指成员能够清晰表达观点、有效传递信息，并倾听和理解他人的意见和需求。而创新思维则是指成员具备开放的思维方式，能够提出新颖的想法和解决问题的方法。

围绕这些要求，企业可以通过不同的渠道来招募潜在的候选人，内部推荐可以发掘内部人才的潜力和利用内部资源，招聘网站可以吸引来自不同背景和领域的候选人，校园招聘可以吸引年轻人才和新鲜血液加入团队。在选拔过程中，可以采取面试、笔试、案例分析等多种方式来评估候选人的能力和适应性。同时，候选人的软技能也需要被充分考虑和评估。

通过综合评估和比较，团队可以选择最适合的成员加入，以确保团队的整体素质和协作效率。团队成员的招募和选拔是团队搭建的基础，只有招募到合适的人才，才能为企业智能财务管理的实施奠定坚实的基础。拥有专业素养和良好的团队协作能力的团队成员，能够有效地开展财务管理工作，为企业的发展做出积极贡献。

2. 团队的职责分配

在企业智能财务管理的团队搭建中，团队角色的分配和职责的明确是确保团队高效运作的关键。团队角色的分配应该依据团队成员的专业背景、技能和经验来确定，以保障团队的多元化和协同性。在团队角色与职责分配中，需要考虑以下几个方面：

（1）领导者：领导者在团队中起到指导和决策的作用，负责制定团队的整体目标和战略方向。他们需要具备良好的领导能力和沟通能力，能够激励团队成员的积极性和创造力。

（2）项目经理：项目经理负责项目的规划、执行和监控，协调团队成员的工作，确保项目按时、按质完成。他们需要具备项目管理的知识和技能，能够有效地分配资源和解决问题。

（3）技术专家：技术专家负责团队的技术支持和解决技术问题，他们需要具备深入的技术知识和经验，能够为团队提供专业的技术指导和支持。

（4）数据分析师：数据分析师负责对企业财务数据进行分析和解读，提供决策支持和业务洞察。他们需要具备数据分析和统计的能力，能够从大量的数据中提取有价值的信息。

（5）财务专家角色：财务专家负责企业财务管理和财务报告，他们需要具备财务知识和经验，能够进行财务分析和预测，为企业的财务决策提供支持。

（6）项目成员角色：项目成员是团队中的执行者，负责完成具体的任务和工作。他们需要具备良好的执行能力和团队合作精神，能够按时、按质完成任务。

通过合理的团队角色与职责分配，可以充分发挥团队成员的优势和专长，提高团队的工作效率和质量。同时，团队角色与职责分配也需要灵活调整，根据项目的需求和团队成员的发展，进行适时的调整和优化。

3. 团队培训与能力提升

在企业智能财务管理的团队搭建中，团队培训与能力提升是一个至关重要的环节。企业需要对团队成员的培训需求进行分析，并制定相应的培训计划。

首先，企业需要对团队成员的现有能力进行评估，了解他们在财务管理领域的知识和技能水平。然后，我们将依据评估结果，确定团队成员需要提升的能力和知识点。接下来，我们将制定培训计划，包括培训内容、培训方式和培训时间等方面的安排。培训内容可以包括财务管理的基础知识、财务软件的使用技巧、财务分析方法等。培训方式可以选择线上培训、面对面培训或者混合培训等形式，以满足不同团队成员的学习需求。培训时间可以根据团队成员的工作安排和学习进度进行合理安排，保证培训效果的最大化。通过团队培训与能力提升，我们可以提高团队成员在企业智能财务管理方面的专业素养和能力水平，为企业的财务管理工作提供更加有力的支持。

企业可以通过内部培训、外部培训机构、在线学习平台等途径获取培训资源，内部培训可以利用公司内部专家或高级员工的知识和经验，进行内部培训课程的设计和开展。外部培训机构可以提供专业的培训课程和讲师，帮助团队成员提升技能。在线学习平台则提供了丰富的在线课程资源，可以根据团队成员的需求进行选择和学习。

在实施的过程中，企业需要考虑如何整合这些培训资源。可以通过制定培训计划和课程表，将不同的培训资源有机地结合起来。例如，可以安排内部培训课程和外部培训课程相互补充，形成一个完整的培训体系。同时，还可以利用在线学习平台提供的资源，让团队成员可以根据自己的时间和需求进行自主学习。此外，还可以考虑与其他部门或企业进行合作，共享培训资源。例如，可以与其他公司或行业协会合作，共同举办培训活动或交流会议，以扩大培训资源的范围和影响力。通过与其他团队或企业的合作，可以获得更多的培训资源和经验分享，提高团队的整体能力。

三、团队的协作与决策机制

1. 团队沟通渠道的确定

团队沟通与协作是企业智能财务管理团队搭建中至关重要的一环。在团队沟通与协作方面，选择合适的沟通渠道和工具是非常关键的。沟通渠道可以包括面对面会议、电话会议、电子邮件、即时通讯工具等。不同的沟通渠道适用于不同的情况和需求，面对面会议可以提供更直接、实时的沟通效果，电话会议可以解决远程团队的沟通问题，电子邮件可以记录沟通内容并方便查阅，即时通讯工具可以实现实时交流和快速反馈。

在选择沟通工具时，需要考虑团队成员的技术能力和习惯，以及工具的易用性和功能性。这些工具都具有即时通讯的功能，可以方便团队成员之间的交流和协作。此外，还可以考虑使用项目管理工具，如Trello等，这些工具可以帮助团队成员进行任务分配、进度跟踪和协同工作。

在团队沟通与协作中，除了选择合适的沟通渠道和工具，还需要创建良好的沟通氛围和协作机制。团队成员之间应该保持开放、透明的沟通方式，鼓励大家积极表达意见和想法，及时解决问题和冲突。同时，建立有效的协作机制，明确任务分工和责任，保证团队成员之间的协同工作顺利进行。

通过有效的团队沟通与协作，可以提高团队的工作效率和质量，促进团队成员之间的合作和共同成长。在企业智能财务管理团队搭建中，团队沟通与协作是实现目标的重要保障，需要给予足够的重视和关注。

2. 团队沟通流程的建立

在团队中，沟通规范与流程的建立是确保团队成员之间有效沟通和协作的基础。沟通规范的建立可以包括明确沟通渠道和方式，例如团队会议、邮件、即时通讯工具等，以及沟通的时间和频率。另外，还需要明确沟通的目的和内容，确保信息传递的准确性和完整性。

流程建立是指在团队沟通中制定一套明确的流程和步骤，以确保沟通的高效性和顺畅性。这包括确定沟通的发起人和接收人，明确沟通的时间节点和截止日期，以及沟通的反馈和跟进机制。同时，还需要建立沟通的记录和归档机制，以便后续查阅和追溯。

明确地建立沟通规范和流程，团队成员可以更好地理解和遵守沟通的要求，减少沟通误解和冲突的发生。同时，团队成员之间的协作也能更加高效和有序，提高工作效率和质量。团队沟通与协作的良好建立，对于企业智能财务管理团队的顺利运作和成果的实现具有重要意义。

3. 团队决策机制的确定

在团队协作中，成员之间需要建立良好的沟通渠道和合作关系，以便有效地共享信息、交流想法和解决问题。团队成员应该积极参与讨论和决策过程，共同制定目标和计划，并确保每个人都理解和承担自己的责任。此外，团队协作还需要注重协调和整合各个成员的工作，确保各项任务能够有序进行。

在决策机制方面，团队需要建立一套科学有效的决策流程和机制，具体来说，需要包括明确决策的责任人和决策的参与者，确定决策的时间节点和决策的方式。团队成员应该充分了解决策的背景和目标，收集和分析相关的信息和数据，进行全面的讨论和评估，最终做出明智的决策。决策机制还应该注重透明度和公正性，确保每个成员都有平等的发言权和决策权，避免个人偏见和利益冲突对决策的影响。

团队协作与决策机制的良好运行对于企业智能财务管理团队的成功至关重要。只有通过有效的团队协作和科学的决策机制，团队成员才能充分发挥各自的优势，共同解决问题，实现团队的目标。所以，团队成员应该不断加强沟通和协作能力的培养，同时不断完善决策机制，提高决策的质量和效率。

四、团队绩效评估与激励机制

1. 绩效评估指标的确定

为了确保团队的高效运作和成果的实现，需要确定和制定适当的绩效评估指标。绩效评估指标的确定与制定需要考虑到企业智能财务管理的特点和目标，以及团队成员的角色和职责。

企业可以考虑将团队的目标与绩效评估指标相结合，确保评估指标能够直接反映团队的工作成果和贡献。比如，可以考虑将绩效评估指标分为定量指标和定性指标，以全面评估团队成员的绩效。定量指标可以包括完成任务的数量和质量、工作效率等方面，而定性指标可以包括团队合作能力、创新能力、问题解决能力等方面。另外，还可以考虑将绩效评估指标分为个人指标和团队指标，以便更好地评估个人和团队的绩效。

在制定绩效评估指标时，企业需要考虑到指标的可衡量性和可操作性，确保评估过程的公正性和客观性。绩效评估指标的确定与制定是团队绩效评估与激励机制的基础，只有通过科学合理的指标，才能更好地评估团队成员的绩效，并为其提供相应的激励措施，进一步激发团队的工作动力和创造力。

2. 绩效评估的方法选择

在企业智能财务管理团队中，绩效评估方法的选择和周期的安排直接关系到团队成员的工作动力和激励效果。

绩效评估方法应该具有客观性和公正性，团队成员的工作表现应该以实际的数据和指标为依据，而不是主观的评价。可以通过设定关键绩效指标（KPI）来衡量团队成员的工作表现，如完成任务的质量和效率、达成目标的进展等。同时，还可以采用360度评估的方式，让团队成员相互评价，以获取更全面的反馈。

绩效评估周期的安排也需要考虑到团队的实际情况和工作节奏。一般来说，可以将绩效评估周期设置为季度或半年一次，这样可以更好地跟踪和评估团队成员的工作表现。评估周期的安排应该合理，既能给予团队成员足够的时间展示自己的能力和贡献，又能及时发现和解决问题，提高团队整体的绩效。

绩效评估方法和周期的安排还应该与激励机制相结合。通过设立奖励机制，如绩效奖金、晋升机会等，可以激励团队成员积极工作，提高工作效率和质量。同时，也要设立相应的惩罚机制，防止团队成员的不良行为和低效工作等问题的发生。

3. 激励机制的设计与实施

激励机制的设计与实施是团队绩效评估的重要组成部分，它对于企业智能财务管理团队的发展和壮大起着至关重要的作用。在设计激励机制时，首先需要明确团队的目标和任务，以及每个成员的职责和贡献。其次，需要根据团队成员的不同角色和职位，制定相应的激励政策，包括薪酬激励、晋升机制、培训和发展机会等。同时，还需要考虑激励机制的公平性和可操作性，确保每个成员都能够公平地获得激励，并且能够通过自身的努力和表现来实现个人的成长和发展。在实施激励机制时，需要建立有效的绩效评估体系，对团队成员的工作表现进行定期评估和反馈，及时发现问题并进行改进。同时，还需要建立激励机制的监督和管理机制，保证激励政策的有效执行和落地。通过设计和实施有效的激励机制，可以激发团队成员的积极性和创造力，提高团队的整体绩效，进一步推动企业智能财务管理的发展。

第二节　CFO能力要求

对于那些怀揣着成为CFO梦想的财务人员来说，他们关心的问题莫过于：应当如何积累知识才能实现这一目标。然而，许多人在年轻的时候并没有想清楚这个问题，导致他们在关键时刻与机会擦肩而过，或者虽然上任，但却无法达到预期的效果。为了回答这个问题，我们不妨通过构建一个智能时代CFO的基础能力框架，来探讨在智能时代成为CFO所需的知识储备。这个框架将充分考虑智能时代财务管理职能的拓展，帮助财务人员更好地应对未来挑战。

一、CFO 的基础能力框架

1. 战略能力与业务能力

CFO 作为企业的财务领袖，需要具备广泛的知识储备。但是，在这些知识中，最重要的并非仅仅是专业知识，而是对公司战略和业务的理解以及把控。这种能力决定了 CFO 是否能够真正成为一个经营团队的合格管理者，而不仅仅是一个财务工作者。CFO 的核心技能包括以下五个方面：

（1）战略解读能力。CFO 需要能够深入理解公司的战略方向，并将其转化为可操作的财务策略。他们应该能够分析公司的战略目标，理解其背后的关键驱动因素，并为实施战略提供财务支持和建议。

（2）财务与战略配合能力。CFO 应该在公司的战略制定过程中发挥重要作用，确保财务策略与公司战略的一致性和协调性。他们需要参与战略决策，评估其财务风险和潜在回报，并提供财务建议以支持战略的顺利实施。

（3）公司资源及计划的管理能力。作为 CFO，他们应该参与公司资源的分配和计划制定，确保资源的高效利用。这包括财务资源、人力资源以及其他关键资源的管理，以支持公司的长期发展和实现业务目标。

（4）财务资源配置管理能力。CFO 需要具备合理配置财务资源的能力，以支持公司业务的顺利推进。他们需要对业务需求进行准确评估，理解各个业务单元的需求，并根据优先级合理分配财务资源，确保其最大化地发挥作用。

（5）与业务部门的沟通能力。CFO 需要与公司内各个业务部门保持良好的沟通和协作，确保财务政策的有效执行，他们应该能够有效传达财务策略和目标，理解业务单元的需求和挑战，并与其合作，共同寻找解决方案，实现公司的整体目标。

CFO 需要具备广泛的知识储备，但更重要的是对公司战略和业务的理解以及把控。通过掌握这些核心技能，CFO 将能够更好地担任起经营团队的管理者角色，为企业创造价值。

2. 财会控制机制

CFO 在企业中担任着至关重要的角色，其中之一便是建立完善的财务、内部控制和内部审计体系，确保企业的会计风险得到有效控制。这些体系犹如企业的免疫系统，能够抵御各种风险，确保企业健康稳定地发展。当然，也有一些公司选择由首席风险官来负责这部分职能。

CFO在财会控制方面的核心技能包括以下几点：

（1）财务及会计制度管理能力，即制定和维护公司的财务和会计制度，确保公司的财务活动合规、准确；

（2）内部控制能力，即设计并实施有效的内部控制体系，防范公司的财务风险。

（3）内部审计与稽核能力，即定期进行内部审计和稽核，确保公司的财务报表真实、可靠。

掌握这些核心技能，CFO将能够确保企业的财务风险可控，为企业的健康、稳定发展提供保障。同时，CFO还需要与首席风险官紧密合作，共同维护企业的风险防线，保证企业在复杂多变的市场环境中稳步前行。

3. 价值管理能力

价值管理是CFO的必备高阶技能，它要求CFO从多个方面主动管理，旨在提升公司的价值，满足公司股东的投资回报诉求。价值管理涉及企业的方方面面，需要CFO具备全面的战略眼光和管理能力。

CFO在价值管理方面的核心技能包括以下几点：

（1）产权管理，即对公司产权进行有效管理，确保产权的合法性和安全性。

（2）营运资金管理，即对公司的营运资金进行合理分配和有效管理。

（3）现金流量管理，即对公司现金流量进行精细管理，确保公司的财务状况健康稳定。

（4）经济附加值管理，即通过提高公司的经济附加值，实现股东价值的最大化。

（5）新业务价值管理，即对新业务进行有效管理，确保新业务能够为企业创造价值。

（6）并购价值管理，即在并购过程中，对目标公司的价值进行准确评估和有效管理。

掌握这些核心技能后，CFO将能够更好地管理公司的价值，提升公司的竞争力，满足股东的投资回报诉求。

4. 经营分析与绩效管理能力

经营分析与绩效管理是CFO在公司经营管理方面的核心价值，优秀的CFO如同公司持续前进的一个重要的推动器。通过设定合理的KPI（关键绩效指标）体系、持续的考核跟踪、深入的经营与数字探究，CFO能够给公司的发展注入强大的活力。

具体来说，CFO在经营分析和绩效管理能力方面的核心技能包括：

（1）KPI体系搭建能力，即依据公司业务特点和发展战略，建立合适的KPI体系，以衡量公司的绩效。

（2）经营分析报告的能力，即定期撰写经营分析报告，为公司决策提供有价值的参考。

（3）绩效考核制度搭建及奖惩执行能力，即制定有效的绩效考核制度，并确保奖惩措施得到有效执行。

（4）投入产出管理能力，即对公司各项投入产出进行有效管理，以提高公司的效益。

（5）市场对标管理能力，即通过对标行业领先企业，发现自身差距并改进。

（6）重大关键项目管理能力，即对公司的重大关键项目进行有效管理，确保项目的顺利完成。

通过掌握这些核心技能，CFO将能够更好地发挥其在公司经营管理方面的价值，推动公司持续前进。

5. 预算与资源配置管理

"凡事预则立，不预则废"，这句古语道出了预见和规划的重要性。在企业中，全面预算管理便是CFO用以配合企业战略落地的重要手段。全面预算管理涉及企业的各个方面，不仅仅是财务领域，但CFO承担牵头职能则是不可缺少的。

CFO在预算与资源配置管理方面的核心技能主要有如下几点：

（1）经营计划管理能力，即根据企业战略，制定并管理经营计划。

（2）预算编制管理能力，即组织编制企业的全面预算，确保预算的科学性和可行性。

（3）预算执行与控制管理能力，即对预算的执行进行监控，确保预算的有效执行。

（4）预算分析能力，即对预算执行情况进行分析，发现问题并提出改进措施。

（5）预算组织管理能力，即组织企业各部门共同参与预算的编制和执行。

（6）预算流程管理，即优化预算管理的流程，提高预算管理的效率。

（7）预算系统管理，即对企业预算系统进行有效的管理，以支持企业的预算管理。

二、CFO 的专业财务能力

1. 会计报告管理能力

对于 CFO 来说，会计与报告管理如同日常工作中的"必修课"。尽管可以请会计专业人士和会计师事务所来代劳，但 CFO 必须了解会计知识。这是因为，只有具备会计基础，才能更好地理解和把握企业的财务状况，进而为企业的战略决策提供有力支持。

CFO 在会计方面的专业技能主要包括如下几项：

（1）会计交易处理以及相关流程管理能力，即对企业的会计交易进行有效处理和管理。

（2）往来管理与关联交易管理能力，即对企业与其他单位之间的往来款项和关联交易进行有效管理。

（3）会计报表编制与合并管理能力，即对企业会计报表进行编制和合并管理。

（4）会计信息系统（如后算系统、合并系统等）管理能力，即对企业会计信息系统进行有效管理。

（5）信息披露管理能力，即对企业信息进行及时、准确的披露。

（6）审计流程管理能力，即对企业审计工作进行有效管理的能力。

2. 税务管理能力

税务管理如同一条无形的线，贯穿于 CFO 的所有工作之中，无论身处何地，CFO 都需要面对税务管理的挑战。在我国，税务管理更具独特性，需要 CFO 将其视为一项既严肃又充满艺术性的工作来对待。

CFO在税务管理方面的核心技能包括：

（1）税务政策研究能力，即对税务政策进行深入研究，了解其对企业的影响。

（2）税务关系管理能力，即与税务部门保持良好的沟通，保障企业的税务工作得到顺利开展。

（3）税务检查配合与风险防范能力，即在税务检查时积极配合，并提前防范税务风险。

（4）税务数据管理能力，即对企业的税务数据进行有效管理，确保数据的准确性和完整性。

（5）税务系统管理能力，即对企业税务系统进行有效管理，以提高税务管理的效率。

（6）营改增及电子发票/特定时期的特殊事项，即在特定时期，如营改增、电子发票等，能够妥善应对相关税务问题。

3. 资金管理专业能力

资金管理如同CFO工作中的"心脏"，它的健康与否直接影响到企业的生存与发展。从专业领域来看，资金管理是财务专业的一个重要组成部分，具有一定的技术性。对于没有从事过这个领域的CFO来说，掌握这部分专业知识确实具有一定的难度。

CFO在资金管理方面的核心技能包括：资金收付管理能力、资金计划管理能力、债券融资管理能力、混合融资管理能力、股权融资管理能力、外汇管理能力、银行关系管理能力、资金系统管理能力、流动性管理能力以及投资管理能力等。

通过掌握这些核心技能，CFO将能够更好地进行资金管理，为企业的发展提供有力支持。同时，CFO还需要具备良好的沟通能力和团队协作精神，以便与其他部门共同完成企业的资金管理工作。

4. 合规管理能力

合规管理如同企业的"护身符"，尤其在监管行业中，其重要性不言而喻。银监会、保监会、人民银行以及证监会的监管政策如同企业航行的"灯塔"，CFO需要精准把握，以保障企业在合规的轨道上稳健前行。

CFO 的核心技能包括以下几点：

（1）监管政策研究能力，即对监管政策进行深入研究，了解其对企业的影响。

（2）监管沟通及检查应对能力，即与监管机构保持良好的沟通，并在检查时积极配合。

（3）监管信息报送能力，即及时、准确地报送企业的监管信息。

（4）违规风险管理及违规后危机管理能力，即对企业可能出现的违规风险进行有效管理，并在违规发生后进行危机管理。

5. 管理会计的专业能力

在当今时代，管理会计已经成为各大 CFO 所面临的重要课题，随着国内管理会计建设的热潮涌起，CFO 们必须掌握管理会计的知识和技能，以便更好地为企业发展保驾护航。

管理会计的核心技能包括如下几点：维度体系搭建能力、收入分成管理能力、成本分析能力、多维度盈利分析能力、作业成本管理能力、资金转移定价管理能力、风险成本和资本成本管理能力。

在数字化时代，CFO 需要顺应时代发展，积极进行财务会计管理的转型。掌握这些核心技能，CFO 将能够更好地进行管理会计工作，为企业创造更大的价值。同时，CFO 还需要具备良好的沟通能力和团队协作精神，方便与其他部门共同应对企业的发展挑战。

6. 成本管理能力

成本管理如同企业的"节流阀"，对于每个企业来说都具有重要意义。对于 CFO 而言，实现成本控制与降低成本是企业可持续发展的重要手段。CFO 在成本管理方面的核心技能包括如下几项：成本战略体系设计能力、基于价值链的全成本管理能力、费用的前置管控能力、成本文化建设能力以及最佳成本实践的形成和推广能力。

通过掌握这些核心技能，CFO 将能够更好地进行成本管理，为企业的发展提供有力支持。同时，CFO 还需要具备良好的沟通能力和团队协作精神，以便与其他部门共同完成企业的成本管理工作。在实际操作中，CFO 还需关注市场动态，随时调整成本管理策略，以应对不断变化的市场环境。

通过掌握这些核心技能，CFO将能够更好地进行风险管理，为企业的发展提供有力支持。同时，CFO还需要具备良好的沟通能力和团队协作精神，方便与其他部门共同应对企业的风险挑战。

三、CFO的业务财务基础能力

1. 产品财务管理能力

在企业的运营中，产品财务管理如同"导航仪"，引导着企业产品发展的方向。CFO需要基于产品财务队伍，加强对产品全生命周期的财务管理，以确保企业产品的顺利发展。

CFO在产品财务管理方面的核心技能主要包括：产品规划及投资财务管理能力、产品研发财务管理能力、产品周转管理能力、产品质量成本管理能力等。

通过掌握这些核心技能，CFO将能够更好地进行产品财务管理，为企业的发展提供有力支持。同时，在实际操作中，CFO还需关注市场动态，随时调整产品财务管理策略，以应对不断变化的市场环境。

2. 营销财务管理能力

CFO需要对企业的各个方面进行全面的财务管理，其中包括营销过程。为了确保营销活动的顺利进行，CFO需要通过深入的财务分析，对合同、客户信用、销售费用等进行有效管理。

CFO在营销财务管理方面的核心技能包括：商务合同财务管理、营销费用管理、客户信用及风险管理、竞争对手财务及经营信息管理等等，通过掌握这些核心技能，CFO将能够更好地对企业的营销过程进行财务管理，为企业的发展提供有力支持。

3. 供应链财务管理能力

在企业的运营过程中，供应链财务人员如同"链条上的齿轮"，他们负责与企业经营中供应链相关的业务财务支持工作，为企业各个环节的顺利运转提供保障。作为CFO，他们需要借助供应链财务的力量，实现对采购、生产、配送等相关业务环节的财务管理，保障企业的稳健发展。

CFO在供应链财务管理方面的核心技能包括：采购财务管理、生产财务管理、库存控制管理、配送物流财务管理以及分销财务管理等。通过掌握这些核心技能，CFO 将能够更好地进行供应链财务管理，为企业的发展提供有力支持。

4. 项目财务管理能力

在企业的运营中，CFO 需要关注业务财务的多个维度，其中包括以价值链划分的业务财务以及项目维度，项目财务作为一种独特的业务财务视角，与产品、销售、供应链财务形成矩阵式协同，共同推动企业的发展。

CFO 在项目财务管理方面的核心技能包括：研发项目财务管理、市场推动项目财务管理、售前/销售项目财务管理、工程项目财务管理、实施交付项目财务管理以及管理支持项目财务管理等。

通过掌握这些核心技能，CFO 将能够更好地进行项目财务管理，为企业的发展提供有力支持。同时，CFO 还需要具备良好的沟通能力和团队协作精神，以便与其他部门共同完成企业的项目财务管理任务。在实际操作中，CFO 还需关注市场动态，随时调整项目财务管理策略，以应对不断变化的市场环境。

5. 海外财务管理能力

对于那些寻求在海外市场发展的企业来说，CFO 的角色变得尤为重要。他们需要深入理解和掌握海外财务管理工作，尤其是对于那些新进入的国家，海外财务的支持能力显得至关重要。

CFO 在海外财务管理方面的核心技能包括：国家财税政策管理，即对目标国家的财税政策进行深入研究和理解，便于在业务拓展过程中做出正确的决策；海外机构综合财务管理，即对海外机构的财务进行全面的综合管理，包括预算编制、成本控制、财务分析等。

这两项核心技能将为 CFO 对海外市场的开拓提供有力的支持，确保企业在海外市场的稳健发展。在实际操作中，CFO 还需关注市场动态，随时调整海外财务管理策略，以应对不断变化的市场环境。

6. 业务财务一体化管理能力

在企业运营中，CFO 需要始终关注业务财务一体化的问题。业务财务一体化是指将企业的业务和财务工作进行密切结合，实现高效的协同运作。通过加强业务财务一体化的管理，CFO 可以提升企业业务与财务的一致性水平，从而提高企业的整体运营效率。

CFO实现业务财务一体化的核心技能包括：业务财务一体化的制度及流程管理和业务财务一体化系统管理等。CFO需要利用信息技术手段，建立业务与财务一体化的信息系统。提高业务与财务的一致性水平，为企业的发展提供有力支持。

第三节　财管人员职业规划

随着数字化时代的到来，社会生活的方方面面都发生了深刻的变化，财务行业也不例外，在这个变革的时代，财务人员的职业生涯也面临着全新的挑战和抉择。他们需要适应新的环境，调整自己的职业规划，以适应智能时代对财务人员的新要求。

在这个数字化的时代，财务人员面临的冲击是全方位的，无论你是高级管理人员、财务经营分析人员、预算管理人员还是会计运营人员，都需要面对认知的升级，适应新的工作模式。这种改变引发了财务人员对职业发展的担忧，甚至有人担心人工智能是否会取代他们的职业。

面对数字化时代的挑战，财务人员有三种选择：拥抱、远离或不变。选择本身没有对错，但无论你选择哪种方式，都需要给自己找到适应新环境的新择业标准，这将从某种意义上改变他们的职业生涯。

不管身处何地，财务人员都需要不断地学习和提升自己的能力，适应不断变化的工作环境。终身服务于一家企业已经不再是现实，财务人员的择业将伴随着更加困难的抉择。在这个变革的时代，财务人员需要思考的是如何适应新的环境，如何提升自己的能力，如何在智能时代找到自己的位置。这不仅需要个人的努力，也需要整个行业的变革和教育体系的更新。只有这样，财务人员才能在智能时代找到自己的价值和位置，实现自己的职业发展。

一、数字化时代背景下财务人员的职业抉择

在智能时代的大潮中，财务人员站在人生的十字路口，面对着三种不同的选择。

1. "拥抱"数字化时代

第一种选择是"拥抱",在数字化时代的浪潮下,人们面临着前所未有的挑战和机遇。对于这些挑战,财务人员可以选择"拥抱",这是一种积极应对的态度。积极的人们并不害怕变革,而是愿意主动迎接变革,成为变革的推动者和倡导者。

积极应对挑战的人们深刻意识到智能时代带来的挑战是前所未有的。随着人工智能、物联网和大数据等技术的迅猛发展,传统产业和就业形势面临着巨大的冲击。然而,这些人并没有因此感到恐惧或绝望,相反,他们意识到变革带来的机遇和创新的潜力。

这些积极应对挑战的人们愿意成为变革的主导者和生力军。他们相信,只有通过积极参与和推动变革,才能更好地适应和引领智能时代的发展。他们投身于学习新技能和掌握新知识,以应对智能时代所需的专业能力。同时,他们还积极参与创新实践和创业活动,充分发挥自己的才华和创造力。

选择"拥抱"数字化时代的财务管理人员相信,只有在变革中才能找到自己的价值和位置,他们认为,变革并不是摧毁旧有的价值,而是创造新的机会和价值。在智能时代,人们需求个性化、智能化的产品和服务,这为有创意和创新能力的人们提供了广阔的发展空间。通过勇于迎接挑战,积极创造,他们能在变革中找到自己的价值和位置,从而助推自己的事业发展。

2. "远离"数字化时代

第二种选择是"远离",并非所有人都愿意勇敢地迎接这场变革,有些人选择远离数字化时代带来的风险,寻求自己的避风港。这种"远离"态度可以被视为一种避险心态,这部分人认识到自己在数字化时代浪潮的裹挟下可能会力不从心,所以选择避免直接面对变革的风险。

一方面,选择远离数字化时代的财务管理人员意识到自己可能无法紧跟变革的步伐。他们可能感到对新技术和新思维的学习曲线较陡峭,或者他们的个人兴趣和能力并不适合智能时代所需的专业领域。在面对这些困境时,他们更倾向于远离变革,避免冒险尝试。

另一方面,选择远离变革的财务管理人员更希望找到一个安全的位置,静待变革的尘埃落定。他们不追求在变革中抢占先机,而是更注重保持现有的稳定和舒适。他们可能会选择继续从事传统领域的财务工作，避免涉足新兴领域的不确定性和风险。他们认为在变革的尘埃落定后，可能会有更明智和稳定的选择。

然而，选择远离变革并不意味着这部分人缺乏智能时代所需的适应能力。相反，他们可能会将自己的精力和时间投入到其他方面的发展，每个人都有自己的选择和生活方式，关键在于找到适合自己的道路，实现个人的幸福和成就。

3. 维持"不变"的现状

第三种选择是"不变"，面对数字化时代的迅速发展，并非所有人都能迅速做出明确的选择。有一部分人选择以静制动的态度，他们暂时选择观望，以便在变革中找到自己的定位。这种"不变"的选择并非消极无为，而是希望以审慎的方式适应智能时代带来的变革。

选择观望的财务人员可能感到面对变革时缺少足够的信息和判断依据，因此选择观望以等待更明确的信号出现。他们希望通过观察和分析来更好地了解变革的趋势和潜在机遇，以便做出更明智的决策。

选择观望并不意味着拒绝变革或逃避责任。观望者也会尽早做出适合自己的关于"拥抱还是远离"的判断。他们明白在智能时代，变革的速度极快，错过良机可能会导致被淘汰。因此，他们会时刻保持对变革的敏感，并制定相应的行动计划，便于在适当的时机做出决策。

需要强调的是，无论选择哪种方式，都需要有一个明确的方向和目标，在观望的过程中，他们仍然会为自己设定一个目标，并努力提升自己的能力和适应变革的能力。他们可以选择不断学习和充实自己，以便在变革中找到自己的归宿。

二、影响财务人员职业抉择的主要因素

1. 公司和行业的影响

财务人员需要正视人工智能对他们所在行业和公司的影响。在这个时代，社会变革日新月异，有些行业和公司如日中天，有的则日渐式微。财务人员的职业发展紧密相连于公司的发展，所以，他们在评判是否应拥抱或远离人工智能时，首要任务就是预测公司未来的走向。为了找到在智能时代崛起的公司特点，财务人员可以阅读一些热门书籍。

2. 竞争环境改变带来的影响

人工智能将对竞争环境产生深远影响。对于某些公司来说，智能时代的到来可能使内部的竞争环境变得更加宽松，员工们会将焦点放在如何协作以及积极拓展市场。在这些公司中，每个员工都能感受到自己的价值，此时，财务人员可以考虑采取"拥抱"的策略。但是，在其他公司，智能时代可能带来强大的压力，迫使公司通过压缩成本和加强内部竞争来求生。在这种情况下，如果财务人员无法忍受竞争环境，他们可以选择"远离"的策略。

3. 财务人员的个人能力

个人能力与数字化时代的要求是否契合也是影响选择的因素。在一家富有竞争力的公司中取得成功，需要对自己的现有能力和学习潜力进行评估，明确自己是否能应对更全面的技能要求。那些能够适应的财务人员可以选择"拥抱"数字化时代，否则，他们可以选择"远离"，避免自己在日渐激烈的竞争中居于劣势的地位。

4. 对风险与挑战的偏好

个人对人工智能风险和挑战的喜好也将影响他们的选择。智能时代的财务抉择具有更多不确定性，技术的不确定性导致商业模式的不确定性，进而引发企业和行业的不确定性，这也意味着存在一定的风险。在面对风险和挑战的时代，财务人员是选择"拥抱"还是"远离"，很大程度上取决于他们对风险和挑战的喜好。喜好风险和挑战并非一定是一件好事，就像投资决策中的风险厌恶程度，这只是个人喜好，无关对错。

在综合考虑以上几个因素后，财务人员或许能对在智能时代的"拥抱"或"远离"做出明智的判断和选择。

对于选择"拥抱"的财务人员，他们需要找到一个平衡点，在充分利用人工智能技术的同时，发挥自己的专业优势。他们可以关注行业内的创新举措，了解先进科技如何应用于财务管理，从而提高工作效率。另外，他们还应不断提升自己的综合素质，学会在与人工智能协作的过程中，发挥人类独有的创造力、沟通能力和领导力等。在这个模型中，财务人员将在智能时代的浪潮中不断成长，成为企业不可或缺的核心力量。

而对于选择"远离"的财务人员，他们或许在规避一些潜在的风险，如人工智能对岗位的替代效应。财务人员需要重新审视自己的职业规划，寻找一个适合自己的发展方向。他们可以关注传统行业或新兴产业，在这些领域中，人工智能的影响相对较小，财务人员依然可以发挥自己的专业优势。另外，他们还可以考虑提升自己的跨学科能力，例如学习数据分析、信息技术等，以便在未来的职场中更具竞争力。

总之，财务人员在智能时代的择业抉择并无绝对的对错，关键在于他们能否根据自身情况，找到一个合适的模型来实现职业发展，对于那些勇敢"拥抱"人工智能的财务人员，他们将在科技的助力下，迈向新的职业高峰；而对于那些选择"远离"的财务人员，他们也将在其他领域找到属于自己的舞台。最重要的是，在这个充满挑战和机遇的时代，财务人员需要不断地学习、成长，为自己创造一个美好的职业未来。

三、数字化时代适合财务人的择业模型

在智能时代，财务人员面临着职业生涯中的一次重要抉择："拥抱"还是"远离"人工智能？这个选择并无绝对的对错，关键在于做出决定后，他们能否找到一个合适的策略来规划自己的职业发展。因此，在这里，笔者将为大家详细解析财务人员在智能时代择业的"拥抱"模型和"远离"模型。

1. 模型中的评估维度

（1）平台维度

平台，指的是企业所处的行业环境、业务模式以及技术应用水平等综合因素。在评估智能化转型的可行性时，我们要区分企业对象是大型企业集团、中型公司还是创业公司，因为不同规模的企业在智能化技术的应用和推广方面，所面临的挑战和可能性是有所不同的。

大型企业集团拥有丰富的资源和规模优势，这使得它们在创造和应用智能化技术方面具有更大的可能性。大型企业可以投入大量资金进行技术研发和人才培养，以推动企业智能化转型。同时，它们也可以通过利用自身丰富的业务场景，为智能化技术的应用提供广阔舞台。此外，大型企业往往具有较强的战

略眼光，能够从长远利益出发，进行更为谨慎的投资决策，从而为智能化技术的发展提供持续支持。

相比之下，中型公司和创业公司在智能化转型过程中可能会面临更多的挑战。这些企业往往资源有限，资金压力较大，因此在智能化技术的研发和应用上需要更为谨慎。同时，它们在业务场景上相对单一，这可能会限制智能化技术的推广和应用。然而，这些挑战并不意味着中型公司和创业公司无法实现智能化转型。它们可以借助外部力量，如与行业内的合作伙伴共同研发技术，或引进市场上的成熟解决方案。同时，这些企业也可以通过创新业务模式，实现智能化技术的有效应用。

（2）技术维度

大数据、人工智能、云计算等技术的发展给企业带来了巨大的机遇和挑战。在这个维度下，我们需要评估一家公司在这些技术方面是否具备显著的技术优势。

具备强大技术实力的公司通常可以分为两类。一类是利用大数据、人工智能、云计算等技术来推动自身主业发展的大公司。这些公司通过应用这些技术，可以更好地理解和满足客户需求，实现更高效的决策和运营。他们可能通过数据分析，挖掘出市场趋势和商机，从而提供更贴近客户需要的产品和服务。另一类是以大数据、人工智能、云计算等技术为核心竞争力的小型公司或创业公司。这些公司可能会通过自主研发创新的技术，提供颠覆性的解决方案，打破传统行业的局限，拓展新的市场。

技术实力强大的公司通常具有更强的市场竞争力。通过应用大数据、人工智能、云计算等技术，企业可以实现更高效的决策、更精确的预测以及更智能化的运营。这些技术能力使得企业能够更好地满足客户需求，提供个性化的产品和服务，进而在激烈的市场竞争中脱颖而出。技术实力强大的企业还能够更好地应对市场变化，抓住机遇，实现可持续的发展。

（3）行业维度

在数字化时代，一个行业能否从智能革命的浪潮中获得业务发展的技术红利，直接决定了该行业是否具备积极拥抱智能化技术的动力，具备技术红利的行业通常会积极主动地应用智能化技术，以期在市场竞争中取得优势。

判断一个行业是否具备技术红利，需要关注其所处的市场环境。一个行业的市场规模、增长速度以及市场竞争力等因素，都会影响到该行业是否能够充分利用智能化技术带来的机遇。例如，在数字经济和物联网技术不断推进的背景下，与智能化技术密切相关的行业，如智能家居、智能交通等，具有较大的市场潜力和发展空间，从而更有可能获得技术红利。

关注业务模式的创新和变革也是判断行业是否具备技术红利的重要因素。一个具备创新能力的行业往往能够更好地适应市场变化，抓住技术革命的机遇。通过运用智能化技术，行业可以重新设计和优化其业务流程，提高效率和降低成本，改善用户体验。例如，电商行业通过智能化技术的应用，实现了供应链的数字化管理和智能化的客户服务，进一步促进了行业的发展。

此外，技术创新能力也是衡量行业是否具备技术红利的重要指标。一个拥有核心技术创新能力的行业，能够在智能化时代占据先机，实现业务的持续发展。行业内的技术创新和研发投入，能够为企业带来技术壁垒和竞争优势。例如，在智能制造领域，具备先进的工业互联网和人工智能技术的制造业企业，能够实现生产过程的智能化和自动化，提高生产效率和质量，从而在市场上获得竞争优势。

总之，判断一个行业是否具备技术红利需要综合考虑其市场环境、业务模式和技术创新能力等方面的因素。具备技术红利的行业通常会积极拥抱智能化技术，以期在市场竞争中取得优势。但是，实现技术红利并非易事，行业需要持续关注技术发展趋势，及时调整自身发展策略，不断推动创新和转型，以适应数字化时代的挑战和机遇。

（4）财务交易规模维度

财务交易规模所代表的是公司的财务活动的规模和复杂度，而庞大的财务数据量则提供了充足的数据支持和分析空间。

财务交易规模是衡量公司财务活动规模和复杂度的重要指标，随着公司业务的扩张和发展，财务交易的规模也会相应增大。这包括日常的账务处理、采购和销售交易、资金流动和投资等。财务交易规模的增大使得财务数据量不断增加，对于智能化技术的应用提供了更多的数据信息和挖掘机会。

庞大的财务数据量也是智能化技术发挥威力的基础。随着财务交易规模的扩大，财务数据的积累也越来越丰富。这些数据包括公司的财务报表、会计账簿、交易记录等。庞大的财务数据量为智能化技术提供了足够的数据样本和信息，使得智能化技术能够更加精准地剖析和分析这些复杂的数据，提供有价值的财务决策支持。

因此，财务交易规模和财务数据量的庞大性对于智能化技术的应用至关重要。只有当财务交易规模达到一定程度，财务数据量充沛时，智能化技术才能发挥出最大的威力。通过智能化技术的应用，财务人员可以更加高效地处理庞大的财务数据，提高数据分析和决策的准确性和效率。同时，智能化技术还能够自动化和优化财务流程，减少人为错误和重复工作，提高财务管理的水平和效果。

（5）待遇维度

薪酬即给予员工的回报。在职业选择的过程中，薪酬无疑是一个至关重要的议题。我们将薪酬划分为高、中、低三个层次，以探究不同待遇对员工最低容忍度的影响。

在职场中，薪酬如同一把标尺，衡量着工作的价值。面对种种机遇与挑战，人们常会权衡自己的最低容忍度，以决定是"拥抱"还是"远离"某个岗位。而这个最低容忍度，很大程度上取决于薪酬待遇。

当薪酬待遇达到某个标准时，人们往往会倾向于接纳工作中的挑战，勇敢地"拥抱"职业发展。而当薪酬待遇低于预期时，即使面临困境，人们也可能选择"远离"职场，寻求更符合自己期望的岗位。

因此，在探讨职业选择时，薪酬待遇成为不可或缺的一环。只有了解和把握不同待遇水平下的最低容忍度，我们才能更好地分析职场机遇，为员工提供更加合适的职业发展路径。

（6）发展维度

对于职场人而言，在选择工作时，需关注眼前这份工作对未来职业发展的影响。倘若它能助力自己顺利迈入理想的公司或平台，并与个人职业规划相契合，那么这份工作便是择业模型的加分项，值得把握。相反，如果眼前的岗位与职业规划背道而驰，它将成为扣分项，提醒我们重新审视自己的职业选择。

在漫漫职场路中，我们需要明确自己的目标，细化职业规划，从而找到那把开启理想之门的钥匙，一份符合职业规划的工作，如同指路明灯，引导我们走向成功的道路。而在这个过程中，我们要学会审视眼前的工作，判断它是否能为我们未来的职业生涯添砖加瓦。

所以，在择业模型中，考虑工作岗位对未来发展的影响至关重要。只有当眼前的工作与职业规划相互契合，我们才能在职场中游刃有余，找到那份属于自己的理想工作。

2. "拥抱"与选择

在"拥抱"模型下，财务人员如何在这些维度上做出明智选择呢？首先，在平台选择上，大型企业集团能为财务人员提供更多实践智能化技术的机遇。其次，在技术实力方面，选择具有优势的公司，让财务人员得以在低成本条件下开展智能应用实践，并尽早实现财务智能化。另外，智能化技术与平台优势相互协同，进一步拓宽财务应用范围。

良好的创新氛围对于财务人员至关重要。在这个时代，大数据技术是智能化发展的基石。选择"拥抱"智能，或许需要付出一定代价。然而，在收获成长和待遇方面，财务人员应权衡利弊。即使短期内待遇偏低，也要关注综合收益，相信在未来的职业发展中，长期利益远超短期利益。

3. "远离"与选择

在"远离"模型下，财务人员在面临这些维度时，又该如何做出明智的选择呢？

在平台选择上，财务人员应关注避免智能化技术带来的职业风险。因此，选择中小型公司可能是个不错的选择，因为这些公司往往不会轻易采用昂贵的智能化技术。然而，也要警惕那些以智能化技术为主业的中小型公司或创业公司，这些公司可能会将员工视为智能实验的对象。

在行业方面，财务人员需避免进入那些在"拥抱"模型下被列为优选的公司，如金融、零售等行业。反之，选择传统行业可能相对安全一些。

在财务交易规模上，财务人员应倾向于选择规模较小的公司。这些公司的领导层更倾向于通过人力解决问题，而非依赖机器替代。在待遇方面，财务人员应积极寻求中等以上收入的职位，如果职位收入较低，或许可以考虑放弃。

在职业发展上，财务人员可以选择那些小而全的公司。这些公司往往具有较好的发展潜力，有望迅速成长并成功上市。

总之，在"远离"模型下，财务人员需谨慎选择平台、行业、财务交易规模、待遇和职业发展等方面，以确保自身职业安全与稳定发展。

第五章 企业智能财务管理技术

第一节 大数据技术在企业智能财务管理中的应用

在财务管理领域，大数据有着广泛的应用，它可以为企业提供更准确、更全面的数据分析和决策支持。通过收集和分析大量的金融数据，财务人员可以更准确地预测企业的未来财务状况，并及时识别和应对潜在的风险。

传统的财务分析往往依赖于手工处理数据，耗时且容易出错，而大数据技术的应用可以大大提高财务数据的处理速度和准确性，从而节省时间和资源。财务人员可以利用大数据分析工具快速地生成各种财务报表和分析报告，为企业的决策提供科学依据。

大数据还可以帮助财务部门进行成本控制和效率提升。通过对企业内部各项财务数据的全面分析，财务人员可以定位和解决成本浪费的问题，并提出相应的改进措施。例如，通过分析大数据，财务人员可以发现某个部门的成本过高，然后采取相应的措施来降低成本，提升企业的效益。

总之，大数据在财务领域的应用已经成为势不可当的趋势。财务人员应该加强对大数据的学习和研究，更深入地理解和应用大数据技术，以提升财务工作的效率和质量，为企业的发展提供有力的支持。同时，相关部门也应积极推进大数据技术在财务领域的应用和发展，为企业提供更好的财务服务和支持。

下面，我将从大数据的含义、特征、财务对大数据理解的误区、实现大数据应用的条件基础以及大数据在财务领域的应用这五个方面，来探讨财务管理与大数据的关系。

一、大数据的含义

在数字世界中,大数据被视为一股无法被常规软件工具所捕捉、管理和处理的海量、高速增长和多样化的信息潮流。然而,仅仅阐述这一理论概念并无实际意义。笔者更倾向于《大数据时代》一书中的观点,作者在该书中提出了大数据思维上的"更多""更杂"和"更好"三个理念。下面就分别对这三个理念进行解读:

1. 大数据思维中的"更多"

在过去,因为计算机处理能力的限制,我们通常只能对部分数据进行选择性处理,并通过样本推断总体状况。这种方法在统计学上是被接受的,并且能够提供一定程度上的信息可靠性。然而,在大数据时代,我们有了更多的可能性和机会直接对整体数据进行分析,而不再依赖于样本的推断。

大数据的特点之一就是全体数据,即不再局限于小样本。这意味着我们可以从大量数据中获取更多的信息和洞察力。通过对全体数据的分析,我们可以更全面地了解数据的分布、趋势和关联性,从而更准确地进行预测和决策。

与传统的统计推断相比,直接对全体数据进行分析的优势是显而易见的。全体数据能够提供更准确的结果。由于样本的选择性可能导致抽样偏差,样本分析的结果不一定能够准确代表总体。而对全体数据进行分析可以避免这种偏差,得出更准确的结论。分析全体数据可以得到更详细和全面的信息。样本数据只能提供部分信息,而全体数据包含了所有的数据点,能够展现出更细致的细节和更全面的信息。这种全面性使得我们能够更深入地挖掘数据背后的规律和潜在价值,通过对全体数据的分析,我们可以发现更多的关联和趋势,甚至发现之前未被发现的规律。这种发现可能会改变我们对问题的认识和解决方案的选择,带来新的创新和发展。

2. 大数据思维中的"更杂"

在大数据时代,我们强调的"更杂"并不是指数据的精确性,而是数据的混杂性。精确性主要针对结构化数据,而非结构化数据则具有不规则、不完整和无预定义数据模型的特点,很难用数据库二维表来表示,包括各种格式的办公文档、图片等。在财务领域中,原始凭证的数据类型也存在多样性,不能简单地进行归类,而是要根据是否能用结构规则来表达来判断。

举个例子来说，增值税发票的每个栏目都有固定含义，可以转换为二维数据，因此可以归类为结构化数据。而合同大多是非结构化数据，其中的内容可能因为格式不同、结构不规则而难以提取和处理。事实上，相比于结构化数据，非结构化数据在所有数据中所占比例更大，因此如果无法处理非结构化数据，就无法真正实现大数据的"大"。

处理非结构化数据是大数据分析中的一项重要任务，因为非结构化数据的特点，使得数据的提取、转换和分析变得更具挑战性。然而，非结构化数据也蕴藏着丰富的信息和价值，对于财务领域来说，它可以帮助企业更好地理解市场动态、消费者需求以及竞争对手的情况等。因此，有效处理和利用非结构化数据对于财务部门来说变得愈发重要。

为了处理非结构化数据，我们可以借助自然语言处理、图像识别、文本挖掘等技术，将数据转化为结构化的形式，以便更好地进行分析和应用。同时，还可以利用机器学习和人工智能等技术，提高非结构化数据的处理效率和准确性。

综上所述，大数据时代的数据不仅仅局限于精确性，更重视数据的混杂性。非结构化数据的处理对于实现大数据的价值至关重要。

3. 大数据思维中的"更好"

在大数据时代，我们追求的是数据之间的相关关系，而不仅仅局限于因果关系。大数据的目标是找出数据之间的相关性，建立模型和发现规律，这样我们能够更好地理解数据背后的秘密。

传统的因果关系主要是通过实验或者观察来确定的，需要严格控制变量和进行统计分析。但是，在大数据的世界中，我们不再仅仅追求因果关系，而是更加注重数据之间的关联性。大数据分析可以帮助我们发现数据之间的相关趋势和模式，从而揭示出数据背后的规律。

通过对大数据的分析，我们可以发现数据之间的相关关系，即当一个变量发生变化时，另一个变量也可能会发生相应的变化。这种相关关系并不一定表示因果关系，但它可以帮助我们进行预测和决策。例如，通过分析用户购买记录和行为数据，我们可以发现某些购买行为与特定产品的销量增加有关，虽然我们无法准确确定购买行为是导致销量增加的原因，但我们可以利用这种相关关系来预测销量，并制定相应的销售策略。

在大数据分析中，我们可以利用相关关系来建立模型，通过数据之间的关联性来进行预测和推断。例如，通过分析市场数据和经济指标的相关关系，我们可以建立经济预测模型，预测未来的市场走势和经济变化趋势。这种基于相关关系的预测和推断可以为企业和政府提供重要的决策依据。

大数据分析关注的是数据之间的相关关系而不仅仅局限于因果关系。通过发现数据之间的相关性，我们能够更好地理解数据背后的规律和趋势，并进行预测和决策。然而，需要关注的是，相关关系并不一定具有因果关系，我们需要谨慎对待相关和因果的概念，在利用大数据进行决策和预测时保持理性和客观。

综上所述，大数据的"更多""更杂"和"更好"三个理念，为我们揭示了这一技术背后的强大潜力。它既是一种信息资产，也是一种全新的思维方式，带领着我们走向一个全新的数字时代。

二、大数据的特征

1. 巨大的数据体量

在这个信息爆炸的时代，大数据以其独特的魅力引领着科技发展的潮流。其最鲜明的特征就是数据量庞大，相较于一般关系型数据库处理的TB级数据，大数据处理的数据量更是达到了PB级以上。随着信息化技术的迅猛发展，数据如雨后春笋般迅速增长。那么，究竟是什么原因导致了数据规模的急剧扩大呢？

随着互联网的普及，大数据的发展得到了极大的发展。互联网的普及使得越来越多的人、企业和机构开始使用网络，并能够轻松地获取和分享各种有价值的信息。通过网络，人们可以获取到来自世界各地的数据，这为大数据的积累提供了基础。人们可以通过社交媒体、电子商务平台、在线论坛等途径收集和整合数据，从而获得更丰富的信息，为大数据的分析和应用提供了更广阔的资源。

除了互联网的发展，各类传感器数据获取能力的提升也为大数据的发展做出了重要贡献。随着技术的进步，现代传感器能够更加真实地获取事物的各种参数、状态和行为数据。这些传感器广泛应用于各个领域，如气象、环境监测、物流、交通等，不断产生大量的数据。例如，智能手机上的各种传感器（如陀螺仪、加速度计、GPS 等）可以收集用户行为和位置数据，为个性化推荐和定位服务提供支持。传感器数据的增加使得数据量呈现出爆炸式增长，也为大数据的分析和利用提供了丰富的资源。

另外，数据来源的多样化也进一步推动了大数据的增长。除了传统的网络数据，社交网络（如微博、微信等）、移动设备、车载设备等都成为数据的重要来源。人们在社交网络上分享各种生活信息，移动设备记录了人们的行为轨迹，车载设备收集了交通状况和车辆行驶数据等。这些无处不在的数据来源使得大数据拥有了更为广阔的发展空间。数据来源的多样化不仅为大数据提供了更多的样本和维度，而且也为不同行业和领域的数据应用提供了更多的可能性。

在这个庞大的数据海洋中，大数据技术帮助我们挖掘出隐藏在数字背后的宝贵信息，为各个领域的发展提供了新的契机。无论是企业管理、医疗健康、教育科研，还是智慧城市、智能制造等领域，大数据都发挥着至关重要的作用。正是这一股数据浪潮，引领着我们走向一个更加智能、便捷的未来。

2. 更多的数据类型

在大数据的世界里，数据的多样性成为其显著特征之一。它所处理的计算机数据类型早已超越了单一的文本形式或结构化数据库中的表格，涵盖了订单、日志、微博、音频、视频等各种结构复杂的数据。

以我们以最常见的 Word 文档为例，一个简单的 Word 文档可能只有几行文字，但也可能包含了图片、音乐等多媒体元素，使得文档更具感染力。这类数据被称为非结构化数据，它们难以用传统的表格形式进行规整。

与此同时，另一类数据——结构化数据，可以简单理解为表格里的数据，它们有着固定的结构，每一条数据都有着相同的格式。然而，与传统的结构化数据相比，大数据环境下存储在数据库中的结构化数据仅占约 20%，而互联网上的数据，如用户创造的数据、社交网络中人与人交互的数据、物联网中的物理感知数据等动态变化的非结构化数据约占 80%。

数据类型繁多、复杂多变，这正是大数据的重要特征。在大数据的海洋中，我们需要学会驾驭这艘巨轮，从中挖掘出有价值的信息，为我们的生活和工作带来更多的便利和创新。

3. 低密度的数据价值密度低

有价值的数据如同金子般珍贵，然而它们往往隐藏在大量无关的各种类型的数据之中。大数据的价值所在，就在于能够从这些繁杂的数据中挖掘出对未来趋势与模式预测分析有用的信息。数据价值密度低，这是大数据关注的非结构化数据的重要属性。

为了获取事物的全部数据，大数据没有对事物进行抽象、归类的处理，而是直接采用原始的数据，保留了数据的原貌。这使得人们能够获得更多的信息，但也带来了大量的无效信息和错误信息。因此，大数据中信息的筛选与提炼显得尤为重要。比如，在连续不断监控的过程中，大量的视频数据被存储下来，其中许多数据可能是无意义的。

然而，大数据的价值密度并非绝对，它取决于特定的应用。有效信息相对于数据是稀少的，但信息的有效性是相对的。一些信息可能对某些应用来说是无效的，而对其他一些应用来说则是关键的信息。数据的价值也是相对的。大数据的价值，并非在于其数据量庞大，而在于我们能够从中挖掘出有价值的信息。面对大数据的挑战，我们首先需要学会筛选、提炼和应用这些有价值的信息，以实现数据的价值最大化。

4. 更快的处理速度

在大数据的世界里，数据的处理速度成为了关键性的要素。它要求数据处理的实时性极高，支持交互式、准实时的数据分析。与传统数据仓库、商业智能等应用相比，大数据时代的数据价值随着时间的流逝而逐步降低，因此大数据对处理数据的响应速度有着更为严格的要求。

实时分析而非批量分析，数据输入处理与丢弃要立刻见效，几乎无延迟。在这个数据爆炸式快速增长的时代，新数据不断涌现，数据处理的速度必须得到相应提升，才能使大量的数据得到有效利用。否则，不断激增的数据不但不能为解决问题带来优势，反而可能成为快速解决问题的负担。

数据的增长速度和处理速度是大数据高速性的重要体现。为了应对这一挑战，我们需要不断优化数据处理技术，提高数据处理速度，以实现大数据的价值最大化。在这个过程中，创新技术和方法将发挥关键作用，帮助我们在数据海洋中快速找到有价值的信息，从而更好地服务于我们的生活和工作。

5. 更智能的数据采集

大数据的搜集过程如同一场科技盛宴。它通过敏锐的传感器、智能的条码、高效的射频识别（Radio Frequency Identification，简称 RFID）、精准的全球定位系统（Global Positioning System，简称 GPS）以及实用的地理信息系统（Geographic Information System，简称 GIS）等技术，捕获着世界各地的信息。这些智能信息捕捉技术，使得大数据的采集过程更加智能化，与传统的人工搜集数据相比，它更快、更全面、更真实。

这些智能采集技术如同无数双智慧的眼睛，实时监测着世界的每一个角落，将海量信息快速捕捉并传递给人们。这种高效的信息传递方式，不仅使得数据的完整性得到保障，真实性得到提升，而且更使得人们能够及时有效地对信息进行处理和分析。这一切，都将直接影响着整个系统运作的效率。

三、避免财务管理中对大数据的错误认知

随着大数据时代的来临，财务管理领域也迎来了前所未有的变革。大量的数据、新的技术和先进的分析工具，使得财务管理变得更加智能化、精准化和高效化。然而，一旦我们对大数据的理解出现偏差，就可能导致错误的决策，给企业带来严重的风险。因此，为了避免在财务管理中对大数据的错误认知，以帮助企业更好地利用大数据的优势，完成财务管理的升级转型，下面对财务管理中对大数据的错误认知进行归纳总结，以期为企业提供有益的参考。

1. 混淆了传统财务管理与大数据的概念

在财务管理领域，一些财务人员接触到大数据概念后，并没有意识到大数据与传统财务分析之间的本质差异。

大数据的核心在于海量、多样性和实时性，它所带来的变革是颠覆性的。而传统的财务分析主要基于有限的结构化数据，侧重于因果关系的探究。如果简单地将传统财务分析强行定义为大数据，无疑是对大数据概念的曲解。这种"概念炒作型"的认知误区，容易导致企业在财务管理领域的决策失误，甚至引发不必要的风险。

当然，也有一些企业为了迎合潮流，过度宣传大数据的概念。他们或许认为，只要将大数据的标签贴在传统财务分析上，就能提升工作的价值和地位，这种

做法无疑也是大错特错。在这场大数据的浪潮中，我们需要保持清醒的头脑，深入理解大数据的本质特征。只有这样，才能真正发挥大数据在财务管理领域的优势，为企业带来真正的价值。

2. 把大数据等同于技术工具

在大数据时代，许多企业开始寻求转型升级，以应对市场的挑战。然而，对于大数据的认知不足，使得一些企业的财务人员在实现大数据价值的道路上产生了误解。他们认为，大数据的价值实现仅仅依赖于技术，以为只要引入了Hadoop等大数据技术架构，将原有的财务数据和业务处理进行技术迁移，就能实现大数据的价值。

然而，这种认知是片面的。Hadoop等大数据技术架构仅仅是一种工具，它们可以帮助财务人员在找到大数据的应用场景后，更好地实现这些场景，而不是创造场景。大数据的价值在于挖掘出有用的信息，为企业决策提供依据，提高企业的竞争力。因此，实现大数据的价值，关键在于找到适合企业的大数据应用场景，并通过技术手段将其实现。

财务人员在实现大数据价值的过程中，需要从战略高度审视大数据的重要性，并加强对大数据技术的理解和应用能力。只有这样，才能在实际工作中充分发挥大数据的价值，为企业带来真正的收益。因此，我们需要重新审视大数据在财务管理领域的应用，避免陷入过度依赖技术的误区，从而实现大数据价值的最大化。

3. 对数据范围的认知有局限性

一些企业的财务人员对大数据的认知存在局限性，他们仅仅认为充分利用现有的数据，如会计核算数据、预算数据、经营分析数据和管理会计数据，就可以实现大数据的价值。然而，这种观点忽略了大数据的广泛应用和非结构化数据的巨大价值。

要充分发挥大数据的优势，实现企业的竞争优势，财务人员应意识到大数据的数据基础对于实现价值的重要性。这不仅包括企业内部的数据，而且还包括企业外部的社会化数据。财务人员需要通过更广泛的数据基础来进行财务数据的应用，提高自身的数据处理能力，加强对非结构化数据的利用，并探索新的财务数据应用场景。

与传统的财务数据相比，大数据提供了更全面、更丰富的数据基础，包括社交媒体数据、用户行为数据、市场数据等。财务人员应当积极探索和利用这些非结构化数据，以获得更多的信息和洞察力。例如，通过分析社交媒体上的用户评论和反馈，财务人员可以了解消费者对公司产品的看法和需求，为产品改进和市场营销提供参考。此外，通过对市场数据的分析，财务人员可以发现新的商机和市场趋势，从而提供战略决策的支持。

四、财务管理中应用大数据技术的现实基础

1. 技术基础

尽管我们不断强调大数据的价值并非仅在于技术，但我们也不能否认，技术在其中起着关键作用。Hadoop 作为大数据生态系统的基础，其地位已经确立，然而市场上依然存在着众多 Hadoop 的竞争者，同时也有许多新的产品不断涌现。

在这个科技日新月异的时代，大数据技术的选择与应用成为企业成功的关键。Hadoop 的竞争者们纷纷涌现，为大数据领域带来了更多的选择和活力。这些竞争者往往各自拥有独特的优势和特点，使得大数据技术在市场上的竞争愈发激烈。

对于企业而言，在选择大数据技术时，需要充分了解各种技术的特点和优势，以便找到最适合自身需求的技术方案。同时，企业还需关注大数据技术的发展趋势，以便在技术变革中保持竞争力，不断探索大数据技术的应用，为企业创造更大的价值。

2. 人力基础

随着大数据技术的不断发展，企业在应用大数据时不仅仅需要依赖技术，而且更需要有足够的人力支持。一方面，随着数据分析的需求不断增加，高水平的数据分析师成为企业争相争夺的稀缺资源。企业可以通过鼓励现有的财务分析人员提升转型，开展专业培训和学习计划，提升其大数据处理能力。此外，企业还可以有针对性地进行人才招募，吸引具备数据分析能力的专业人才加入，为企业的大数据应用提供支持。

另一方面，大数据时代对基础数据处理的要求也越来越高。为了满足日常

数据管理的需求，企业可以考虑建立数据工厂，通过集中管理和处理数据来提高效率。数据工厂可以将分散的数据资源整合起来，通过数据清洗、整理和存储等环节，为企业提供高质量的数据支持。此外，企业还可以利用财务共享服务模式的数据中心，将数据管理的任务外包给专业的服务机构，从而有效解决基础数据处理的人力需求。

企业需要适应新的发展需求，培养和引进具有大数据处理能力的人才，以提升企业的竞争力。为了确保大数据应用的有效性，企业还需建立高效的数据管理机制，确保数据的准确性和及时性。这需要企业不断优化人力资源的配置，提升员工的专业素养，培养数据分析师等专业人才。同时，企业还需要加强内外部协作，促进不同部门之间的信息共享和合作，搭建起一个良好的信息流通平台，以便快速获取、整合和分析大数据，为企业决策提供有力支持。

在大数据时代，企业的成功不仅仅依赖于技术的发展，而且更需要人力的支持。通过培养和引进具备大数据处理能力的人才，建立高效的数据管理机制，企业可以在竞争激烈的市场中脱颖而出，实现持续的发展和增长。因此，企业应将人力资源作为重要的战略资产，积极投入到大数据应用中，为企业的发展注入新的动力。

五、财务管理中的大数据应用场景

1. 风险管控

大数据在风险管控方面的应用具有较高的价值，相较于传统风险管理模式，大数据具有以下特点：

首先，大数据能够通过分析非结构化数据，发现一些风险事件的潜在特征，为风险管理提供有效支持。在风险发现应用场景中，大数据不需要告诉我们哪里一定存在问题，只需要提示哪里可能存在问题，这样企业就能有针对性地进行风险防范。

其次，大数据技术在财务风险事项分级方面也具有广泛的应用。无论是报销单据还是信用评价，只要需要进行风险分级，都可以考虑使用大数据技术。企业可以根据风险级别采取不同的应对策略，实现高风险事项的严格控制和低风险事项的低成本应对。

最后，大数据技术为企业提供了丰富的数据来源和强大的分析能力，使得企业能够更加精准地识别和防范风险。企业应充分利用大数据技术，提高风险管理的效率和效果，确保企业健康稳定地发展。

2. 财务预算与资源配置

在企业预算管理过程中，预测和资源配置是两个关键环节。大数据技术恰好可以在这两个方面发挥其优势，为企业带来传统预算管理无法比拟的价值。

一方面，大数据技术能够提高预测能力。传统财务预测主要依赖于结构化数据和预测模型，而大数据技术可以将非结构化数据纳入预测范围，如市场上的新闻、事件和评论等。此外，大数据技术还可以使预测模型中的假设发生意想不到的变化，从而提高预测的准确性。

另一方面，大数据技术有助于提升资源配置能力。在传统预算编制过程中，财务人员往往受业务部门的影响进行资源分配。而大数据技术使财务人员具备更精确的判断能力。例如，财务人员可以基于大数据分析相关产品的市场热点、竞争对手的动态，并与业务部门进行沟通，从而在产品研发和市场投放等方面做出更明智的决策。

3. 经营决策

在经营分析过程中，大数据扮演着举足轻重的角色。传统的经营分析方法往往面临数据量不足、依赖结构化数据和关注因果关系等问题。而大数据技术则有助于提高经营分析的决策支持能力，使企业在制定目标和解读目标达成情况时更具客观性和准确性。

大数据技术能够将整个社会和商业环境转化为企业的竞争分析基础，帮助企业更好地了解自身情况，更加客观地看清行业情况和竞争态势。在这种情况下，目标的制定将更为客观、合理。同时，大数据技术还能找到更多传统财务思维无法解读的目标结果相关动因，并针对这些新发现的动因提供有效的管理建议。

第二节 人工智能技术在企业智能财务管理中的应用

一、人工智能的基础概念

在深入了解人工智能在财务管理中的应用之前，我们需要先理清楚一些基本概念和关系，如机器学习与人工智能的关系，监督学习和无监督学习的区别等。只有当我们对这些概念和关系有了清晰的认识，才能进一步理解为何人工智能能在财务管理领域发挥作用，并为企业创造价值。

1. 机器学习与人工智能

在探讨人工智能领域时，我们需要重视一个关键概念——机器学习。这是因为目前，机器学习是人工智能的一个重要分支。理解机器学习的概念，有助于我们进一步了解人工智能的诸多应用场景，避免出现理解偏差。

机器学习这个概念最早由科学家亚瑟·塞缪尔在1952年提出，他将机器学习定义为"可以提供计算机能力而无须显示编程的研究领域"。虽然这一定义比较拗口，但它揭示了机器学习的本质：通过让计算机从数据中学习，实现智能处理问题的能力。

为了更好地理解机器学习，我们可以将其简单地描述为一种让计算机自主学习的方法。这种方法使得计算机能够从数据中发现规律，并根据这些规律进行预测和决策。在人工智能领域，机器学习技术被广泛应用于自然语言处理、图像识别、推荐系统等多个场景。

下面通过一个具体的例子来说明这个过程。例如，我们要判断一张发票是否为增值税发票的抵扣联。首先，我们将发票信息输入计算机，这些信息包括"发票编号""发票联次""发票开具日期""发票金额"等。这些信息对于计算机来说就是输入数据，也就是特征。其次，计算机根据这些特征进行处理，判断这张发票是否为增值税发票的抵扣联。在这个过程中，我们需要给计算机一个标签，即"是"或"否"。如果计算机判断这张发票是增值税发票的抵扣联，那么标签就是"是"；如果不是，那么标签就是"否"。最后，计算机根据已有的算法来判断这张发票是否为抵扣联。例如，我们可以设定一个算法：具备"增值税"和"抵扣联"这两个特征的发票，其标签为"是"。这样，计算机就可以根据这个算法来判断发票是否为抵扣联。

机器学习的核心目标是通过优化算法，使机器能够从海量历史数据中自动发掘规律并用于预测。以增值税发票为例，初始算法认为只有同时具备"增值税"和"抵扣联"两个特征的发票才被认为是合格的。然而，通过学习大量数据，机器逐渐发现第三个特征——"绿颜色"也与是否为增值税发票及抵扣联有关联。于是，算法得到了优化，现在认为同时具备"增值税"、"抵扣联"和"绿颜色"三个特征的发票才是合格的。这样一来，机器预测准确性得到了提高，更好地实现了自动化决策。

通过这个例子，我们可以看到，在财务管理中，机器学习技术可以帮助计算机从财务数据中提取关键特征，并根据已有的算法进行分类和判断，从而实现对财务数据的有效管理。

与机器学习不同，人工智能是一个宽泛的概念，简单来说，就是让非人类的事物拥有类似人类的智慧和能力。在一些影视作品中，智人已经超越了传统的计算机范畴，与生物技术高度融合，具备了记忆和情感等特质。然而，真正实用、易见的人工智能才是我们所需要的。因此，现阶段而言，机器学习是最适合财务人员接触和应用的人工智能领域。它能够帮助他们提高工作效率，更好地处理和分析海量数据，从而为决策提供有力支撑。总之，机器学习对于目前的财务人员来说，会是工作中的得力助手，是助力财务人员迈向智能化时代的重要基础。

2. 监督学习与无监督学习

一部分人会将监督学习仅仅理解为像家长监督孩子做作业那样的学习方式，但实际上，监督学习的含义远不止于此。在监督学习中，计算机会被给予一系列带有明确答案的训练题，这些题目都有清晰的"特征"。重要的是，这些训练题都有标准答案，也就是"标签"。计算机通过解答这些带有标签的题目，进行不断学习，以优化解题方法，即"算法"。当计算机能够正确解答训练题后，我们会给它一个没有标签的新题目，如果计算机能够回答出正确答案，那么我们就达到了目的。

在监督学习中，算法在训练过程中已经预先设定好。我们可以对不同类型的题目进行不同的标注，让计算机按照预设的路径学习。从本质上来说，学习过程实际上是对算法进行训练，而不是创造新的算法。在初始阶段，需要对训练后的算法进行测试，并根据对测试结果的满意程度进一步调整算法。因此，监督学习实际上非常适合解决预测答案一类的问题。它让计算机通过对已有答案的学习，提高预测准确性，从而更好地服务于我们的工作和生活。

无监督学习也是一种训练计算机的方法，但与监督学习不同，我们不会给它提供答案。在这种模式下，训练题仅包含清晰的"特征"，而没有"标签"。计算机需要自行找出具有相似"特征"的训练题并归为一类，而不管它们具体是什么。这种自动分类的过程被称为"聚类"，是无监督学习模式下的重要价值产物。

在这个过程中，计算机自行运用解决聚类问题的算法。分类结果可以通过某种方式进行检验，如果结果不尽如人意，计算机可以回到训练数据中，修正算法，然后再次进行聚类。无监督学习尤其适合解决分类问题，它能够帮助计算机自行发现数据中的内在规律，从而实现更准确地分类和预测。

综上所述，无监督学习让计算机在无指导的情况下，通过自我学习和调整，实现数据的自动分类和聚类。这种学习模式有助于挖掘数据中的潜在规律，为各种实际应用场景提供有力支持。

无论是有监督学习还是无监督学习，它们都有各自相应的算法。在监督学习中，我们可以通过训练和测试来调整算法；而在无监督学习中，由于没有目标"标签"，我们只需使用试算法进行调整。当然，无论在哪种情况下，我们都可以不断改进算法以提高其性能。

在监督学习中，常用的算法包括 K- 近邻算法、线性回归算法、局部加权线性回归算法、林素贝叶斯算法、支持向量机算法、Ridge 回归算法、决策树算法等。而在无监督学习中，常用的算法有 K- 均值算法、最大期望值算法、DBSCAN 算法、Pazn 窗设计算法等。

监督学习和无监督学习都有各自的特点和优势。在实际应用中，我们需要根据具体问题和场景选择合适的算法，并通过不断调整和改进来提高算法的性能。

二、财务管理中的人工智能应用现状

1. 处于互联网时代的企业占多数

从我国当前的行业现状出发,大部分企业的财务管理仍处于互联网和移动互联网阶段,尚未进入人工智能阶段。这说明许多企业的基本需求尚未得到满足,仍然在努力解决温饱问题。当然,一些已经解决基本问题的企业已经开始思考如何利用移动应用来提升网络财务的友好性和便利性,以进一步提高财务管理效率。

在这个阶段,费用控制产品厂商的生意依然火爆,这反映出企业在财务管理方面的需求仍然旺盛。随着科技的不断进步,未来会有更多的企业进入人工智能阶段,从而实现财务管理的更高效率和更便捷性。由此来看,我国企业在财务管理方面还有很大的发展空间。在解决基本需求的同时,企业应不断探索新的技术和方法,以提高财务管理的效率和便利性。

2. 部分企业开启大数据应用模式

部分企业在人工智能的关键前置技术环节——大数据上已经有所应用。这意味着这些企业已经为进一步迈入人工智能做好了准备。然而,具备这种条件的企业并不多,因为它们需要具备支持大数据处理的技术架构。这些企业主要将大数据应用于经营分析、管理会计和全面预算等领域。

这些企业在人工智能领域的探索表明,大数据技术已经逐渐成为企业提高竞争力的重要途径。大数据技术为企业提供了丰富的数据来源和强大的分析能力,使得企业能够更加精准地识别和防范风险,提高决策效率。

虽然目前具备条件应用大数据技术的企业并不多,但随着科技的不断进步,未来会有更多的企业进入大数据和人工智能领域,利用大数据技术推进财务管理改革持续加快。

3. 少数企业实现人工智能的初级应用

在国内,少部分走在技术发展前列的企业已经迈入了人工智能应用的初级阶段。在这个阶段,人们已经将解决问题的准确方法告诉了机器,机器可以利用这些特征去应用内置的方法。如果机器能够成功地将问题套入内置方法并获得与预期一致的结果,那么这个结果就会通过审核;如果套不进去,或者结果与预期不一致，就需要交给人工进行处理。我们将这种模式称为基于人工经验规则的初级人工智能应用。

如果规则足够丰富，这种模式将能够显著地节约人力成本。笔者认为，在未来的一两年内，这可能是国内主流的"财务准人工智能"解决方案。这种解决方案将逐步提高企业的效率和竞争力，推动企业进入更高级的人工智能阶段。

总体来说，尽管目前国内大部分企业仍处于财务管理的互联网和移动互联网阶段，但已经有少数企业开始尝试基于人工经验规则的初级人工智能应用。随着技术的不断进步和应用的深入，未来会有更多的企业进入人工智能领域，让我们一起期待未来财务管理领域的发展和创新。

三、财务应用机器学习的人工智能场景

1. 智能报告生成

在许多企业的业务与财务衔接中，我们可以看到智能工作处理的应用是比较普遍的，即基于会计准则的规则化来实现自动的会计作业处理，例如智能生成会计报告就是其中的典型。这种场景同样是通过引入机器学习，以完善现有的规则库，最终实现智能报告的生成的。不过我们需要注意的是，会计作业和审核作业本身就建立在高度标准化的规则基础上，笔者认为进一步依靠人的经验来深化应用可能更为有效率。

另一方面，智能报告这一应用场景则有所不同。智能报告的应用逻辑与新闻出版、投资研究领域的智能编辑应用更为相似。报告中的固化结构可以用规则来形成，而报告中讲故事的部分则可以使用机器学习的方式，通过大量的训练数据来让机器学会编写满足投资人需求的报告。

从目前的智能财务实践来看，在财务管理领域，机器学习技术在业务与财务衔接、智能报告等方面具有广泛的应用前景。通过不断地训练和优化，机器学习能够提高报告的质量和效率，满足投资人的需求，为企业的可持续发展提供支持，相信未来在财务管理领域，还会有更多智能报告生成的创新应用。

2. 智能风控

智能风控是机器学习的重要应用领域之一。实际上，在财务领域，智能风控早已得到广泛应用，特别是在防范欺诈方面，已有大量成功案例。财务部门

可以利用相同的逻辑进行智能风控。

在这种模式下，通过机器学习，计算机能够不断地完善算法，对所有进入财务流程的单据进行风险分级。针对不同的风险等级，设置相匹配的业务流程，同时运用监督学习、无监督学习的各种算法去发现风险线索。在智能风控模式下，我们希望计算机能够更加精准地找到疑似风险案件，为使用者进行提示，辅助财务人员进行进一步的判断。

智能风控技术在财务管理领域具有广泛的应用前景。通过不断地训练和优化，机器学习能够提高风险识别的准确性，在帮助企业防范风险方面发挥更大的作用。

3. 其他智能财务管理场景

以上提到的场景主要从财务运营流程和操作风险的角度探讨了机器学习在智能财务应用中的可能性。实际上，除了运营方面的应用，非运营的财务业务中同样存在许多可能的应用场景。

例如，基于机器学习的经营分析，可以帮助企业更加精准地分析经营数据，预测市场趋势，制定有效的战略决策；基于机器学习的资源配置，则能够实现资源的最优分配，提高企业的运营效率。这些应用场景同样具有广泛的发展前景。

总之，机器学习技术在财务领域的应用不仅局限于运营流程和操作风险，而且还可以扩展到非运营方面的业务，如经营分析和资源配置等，未来人工智能技术将会在财务管理领域获得更多的发展和创新。

第三节　云计算技术在企业智能财务管理中的应用

一、云计算的概念

美国国家标准与技术研究院（NTST）将云计算定义为，一种按使用量付费的模式，它提供可用的、便捷的、按需的网络访问，进入可配置的计算资源共享池。这些资源包括网络、服务器、存储、应用软件和服务，能够被快速提供，只需投入很少的管理工作，或与服务供应商进行很少的交互。

云计算主要有三种模式：基础设施即服务（IaaS）、平台即服务（PaaS）和软件即服务（SaaS）。IaaS 是云架构下的技术硬件，如网络、服务器等物理架构；PaaS 是云架构下的开发平台、数据库平台等；而 SaaS 则是提供给客户在云架构下使用的软件应用，如业务人员直接操作的 Oracle 系统。此外，还有一种基于人员形态的云计算模式——人力资源即服务（HRaaS）。

云计算作为一种新型的服务模式，已经逐渐渗透到各个行业领域，为企业带来了便捷、高效和节约成本的优势。随着技术的不断发展和创新，未来云计算将会在更多领域得到广泛应用，成为企业和个人不可或缺的一部分。

二、云计算与财务管理的联系

1. IaaS 与财务管理

云计算模式中的基础设施即服务（IaaS）主要体现在物理架构方面，如网络、服务器等。对于财务人员而言，使用 IaaS 模式时，他们可能无法直接感受到变化，因为这种模式下的服务与本地部署的软件系统并无太大差异。不同的是，这些软件系统不再部署在企业专属的服务器上，而是选择像电信云、阿里云或腾讯云等公共基础设施平台。

使用 IaaS 模式的优势在于，企业能够有效降低硬件投入成本，同时借助云集群的算力实现均衡使用，从而提升系统性能。例如，国内某大型建筑央企便将财务系统搭建在电信云上，借助这种模式支持其数十万企业员工的财务应用。通过云计算技术，企业能够实现资源的灵活调配，提高工作效率，降低成本，并确保数据的安全性。随着云计算技术的不断成熟，相信未来会有更多企业选择将其财务系统迁移至云端，实现更加便捷、高效的财务管理。

2. PaaS 与财务管理

如果采用 PaaS 模式，财务人员可能无法直接感受到变化，但开发人员却可以明显感受到不同。在 PaaS 模式下，开发人员不再使用本地开发工具和企业内部的数据库，而是选择租用一个云端开发平台。

例如，开发人员在阿里云上注册一个账号后，便可以访问阿里云中可付费使用的开发工具，甚至能够部署机器学习的开发环境。对于规模较小、没有资金搭建大型复杂开发环境的企业来说，使用PaaS平台的成本较低，且能随时使用最新的平台技术。在PaaS模式下，开发平台成为了一种即租即用的服务。

PaaS模式的优势在于，企业能够根据实际需求选择合适的开发工具和服务，降低开发成本，提高开发效率。随着云计算技术的不断成熟，PaaS模式将会得到更广泛的应用和发展，为企业的创新和发展提供支持。

3.SaaS与财务管理

财务人员最密切相关的是SaaS模式，即"软件即服务"。这种模式下，财务的应用系统并非部署在企业内部，而是放在互联网上的云平台中。用户访问财务系统时，就像访问百度网页一样，从企业内部穿透到互联网上的某个系统里。需要关注的是，这个互联网上的财务系统并非某个企业独享，而是多个企业共用，只是在权限和数据上进行了隔离。

SaaS模式为财务人员带来了便捷性和高效性，同时降低了企业的硬件投入成本。在SaaS模式下，企业可以根据实际需求选择合适的财务系统，实现资源的灵活调配，提高工作效率。

4.HRaaS与财务管理

人力资源即服务（HRaaS）可以理解为财务共享服务的一种形式。云计算有五个特征：资源池、按需自助服务、快速伸缩、广泛的网络访问和按使用量收费。根据这五个特征，共享服务中心将人力资源视为资源池；业务部门根据需求提出服务单，实现按需自助服务；业务繁忙时，工作人员需加班，业务较少时，财务共享服务中心会组织培训和调休，实现快速伸缩；各地分支机构向财务共享服务中心寻求集中服务，实现广泛的网络访问；财务共享服务中心按件计价，实现按使用量收费。

具备这几个特征的财务共享服务中心被称为云服务中心。云服务中心能够为企业提供便捷、高效、低成本的人力资源服务，并随着业务需求的变化进行灵活调整。通过云服务中心，企业可以实现人力资源管理的集中化、标准化和专业化，提高人力资源管理的效率和效果。

三、云计算在财务管理中的使用场景

企业在实现财务领域的云计算应用时，需要挖掘相关的应用场景。以下是三种比较常见的应用场景：一是采用 IaaS 模式构建财务系统架构：企业可以选择使用公共基础设施平台，将财务系统部署在云端，实现硬件资源的灵活调配，提高系统性能；二是使用基于 SaaS 式的服务应用系统：企业可以采用 SaaS 模式，选择合适的财务系统，实现财务管理的便捷、高效。财务人员可以通过互联网访问云端财务系统，实现财务数据的处理和分析。三是以 SOA 或 HRaaS 模式提供对外服务：企业可以利用 SOA 或 HRaaS 模式，将财务服务对外提供，实现财务资源的共享，提高服务效率。通过 SOA 或 HRaaS 模式，企业可以根据实际需求选择合适的服务，降低服务成本。

下面我们来分别具体介绍一下云计算在管理中使用的三个具体场景：

1. 采用 IaaS 模式构建财务系统架构

在大型企业中，传统的本地部署模式构建信息系统架构可能会导致 IT 架构越来越复杂，信息化成本逐年攀升。从基础架构到开发、维护等环节，都需要投入大量的成本。对于我国大部分世界五百强企业来说，每年都会产生高昂的财务信息化成本。

作为这些系统的重要业务应用者，财务部门直接承担了这些成本，并可能通过定价收费或分摊的方式将这些成本进一步转嫁给服务对象。在服务对象对收费越来越敏感的今天，控制成本、降低定价成为许多企业财务面临的共同压力。

将财务系统架构在 IaaS 模式之上，则能以较低的成本实现基础架构部署，运用"轻"IT 的方式实现财务信息系统的建设。这样一来，企业能够降低财务信息化成本，提高财务信息系统的效率，更好地满足业务需求。同时，通过云计算技术的不断成熟，企业还能够实现资源的灵活调配，提高工作效率。

2. 使用基于 SaaS 模式的财务应用系统

SaaS（软件即服务）是云计算中最容易被理解且最常被应用的一种模式，而财务人员则是 SaaS 模式的直接使用者。在这种模式下，企业财务并不需要构建自己独有的财务信息系统，而是选择租用第三方提供的云服务产品。

这种第三方产品的提供商需要对财务业务流程有深刻的理解，以便在产品设计时充分考虑到不同企业的差异化需求，并通过灵活的后台管理功能来实现快速配置和部署。企业财务在选择这类云服务产品时，需要确保其能够与企业整体的信息化战略和信息安全评估相兼容。

目前，我国的一些产品厂商正尝试推出云服务产品，主要服务对象为中小型企业。这些产品可以帮助企业降低财务信息系统的建设成本，提高工作效率，同时保障数据的安全性。随着云计算技术的不断成熟，SaaS 模式在财务领域的应用将越来越广泛。

3. 以 SaaS 或 HRaaS 模式提供对外服务

一些企业的财务部门尝试将自身积累的管理经验和技能进行对外输出，以实现价值最大化。这种对外能力输出主要有两种形态。

第一种形态是将企业的管理经营积累转化为系统产品，并向社会提供服务输出。在这种情况下，输出方可以考虑采用 SaaS（软件即服务）的方式架构自身的产品，让用户通过更便捷的方式使用产品，从而获得输出方所积累的管理经验。通过 SaaS 模式，输出方可以将自身积累的经验与技术相结合，为用户提供高效、实用的财务管理解决方案。

第二种形态是通过培训、咨询等方式，将企业的管理经验传授给其他企业。这种形态的输出方可以借助自身丰富的实践经验和专业知识，为企业提供定制化的财务管理方案，帮助企业提高财务管理水平。财务外包就是其中一种常见的财务能力输出方式，其核心是提供基于 HRaaS 模式的对外服务。目前，代理记账市场正逐渐向这种模式转型，一些具有前瞻性的代理记账服务提供商已经开始采用共享服务的管理模式，向大量的中小客户提供服务。

然而，需要关注的是，开发云服务产品本身是一项高复杂性和高成本的任务。由于云服务系统需要满足用户的差异化需求，对其产品设计的可配置性和灵活性要求非常高。在技术方面，要满足大规模开发的需求，对产品的性能也有很高的要求。同时，云服务产品还需要满足多操作平台、多浏览器兼容的需求，如果涉及移动端，对差异化移动平台的兼容则更加复杂。这些因素都会导致产品研发的高成本投入。

企业在考虑使用云计算提供 SaaS 模式系统服务时，需要充分考虑自身规模和发展能力。如果无法在经营上取得良好的投入产出结果，则应慎重投资云服务产品。因此，企业在选择云服务产品时，应充分评估自身需求和实际情况，确保投资能够带来良好的回报。

第四节　区块链技术在企业智能财务管理中的应用

在探讨智能时代对财务领域产生影响的众多新技术中，区块链技术无疑是一个重要的议题。区块链是一种创新型的分布式数据库技术，它的出现为数据存储和管理提供了全新的方式。区块链技术的核心优势在于去中心化、数据不可篡改和安全性等特点，因此在许多行业中具有广泛的应用前景。

区块链技术最初在2008年由中本聪在论文《比特币：一种点对点的电子现金系统》中被提出，比特币的技术架构就是基于区块链的思路构建的。因此，区块链从诞生开始就与比特币密切相连，很多人将区块链与比特币等同起来。然而，区块链技术的应用远不止于比特币，它有可能带来基于特定场景、改变社会生活方式的应用。

尽管区块链的概念难以理解，应用场景也难以预测，但深入了解区块链技术是非常有必要的。在大数据、云计算、人工智能和区块链这四个概念中，区块链具有独特的价值，有望在未来的财务领域发挥重要作用。因此，对于财务从业者来说，关注和学习区块链技术是非常有意义的。

一、区块链的概念

1. 区块链中的链式结构

区块链，这个名字中的"链"字，实际上是指其基于链式结构进行运作。在这种结构中，各个区块相互连接，形成一个不可篡改、去中心化的数据库。早期的区块链报名过程类似于填空，每个人报名都在账本上占据一个位置，而各个位置之间并无明确的先后关系或链式关系。

在这个链式结构中，每一个区块都包含了一定的信息，前一区块的信息会为后一区块所继承。这种继承关系保证了区块链的安全性和可靠性，因为任何试图篡改区块链中某一块的信息的行为，都会导致后续区块的信息发生改变。这样一来，区块链就成为了一种非常稳定、难以篡改的数据存储方式。

区块链技术的应用在金融、物流、医疗等多个领域都有着广泛的应用前景。通过去中心化、防篡改的特性,区块链技术为各行各业提供了更加安全、高效的数据存储和管理方式,具有很高的使用价值。

2. 区块链中的去中心化

区块链的一个显著特性是去中心化,这意味着在系统中,不存在一个单独的个体能够掌控全局。

去中心化的报名方式使得每个参与者都能参与到整个过程中,降低了信息被篡改或屏蔽的风险。这种改变不仅提高了报名过程的公平性和透明度,而且还有助于建立一个更加信任和可靠的社交环境。与此同时,去中心化的特性使得区块链技术在金融、物流、医疗等领域的应用成为可能,为各行各业提供了更加安全、高效的数据存储和管理方式。

3. 区块链中的点对点对等网络

在微信接龙模式下,我们建立了一个由参与者共同组成的点对点网络。这个网络中的每个成员都具有平等的地位,相互之间并无主次之分。这样的设计极大地提升了整个记账过程的安全性和公平性。

此外,点对点网络的平等性也有助于确保公平性。在这种模式下,每个参与者都有机会参与到记账过程中,不存在特定的角色或地位优势。这样一来,报名信息能够在网络中公平、公正地传播,避免了某些人或团体对信息的控制。

4. 区块链中的分布式和高冗余

在传统的报名方式中,账本是唯一的,所有的数据都集中在饮料管理员的服务器中。这意味着饮料管理员是整个报名过程的核心,拥有对数据的绝对掌控权。然而,这种集中式的管理方式也存在一定的风险,如服务器出现故障或遭到攻击,可能导致数据丢失或泄露。

分布式的概念在这里得到了很好的体现,各个成员手中的账本相互补充,共同构成了一个完整的报名信息体系。然而,这种设计也存在一定的挑战,如反复记账可能导致高冗余的问题。在大数据时代,这一点数据冗余的代价是可以被接受的,尤其是在处理重要的交易时,数据的完整性和安全性更为重要。

5. 区块链中的共享账簿

董莉在《区块链:诗不在远方》一文中提道,区块链存储数据的结构是由网络上一个个存储区块组成的链条,每个区块中包含了一定时间内网络中全部的信息交流数据。这种结构使得区块链具有高度的安全性和可靠性，因为它不容易受到攻击或被篡改。

总之，区块链技术通过公共账本、去中心化、数据不可篡改等特征，为各行各业提供了一种安全、可靠的数据存储和管理方式。这种技术有望推动社会的发展，并为各个领域带来更加高效、公平的运作模式。

二、区块链在财务管理中的使用场景

区块链作为一种创新型的技术，其特性使得它在涉及多方信任的场景中具有显著的优势。去中心化、点对点对等网络以及共享账簿等特性，使得区块链能够有效地为多方交易提供信用担保，进而改变现有的业务模式。

区块链的去中心化特性保证了数据的安全性和可靠性。在传统的中心化系统中，数据往往集中在某个中心节点，一旦该节点出现问题，可能导致整个系统崩溃。而区块链技术将数据分布在网络中的各个节点上，使得数据的安全性得到了有效保障。

此外，区块链的点对点对等网络特性使得交易双方无需通过第三方机构进行信任背书。传统的交易过程中，往往需要借助银行、支付平台等第三方机构来确保交易的安全性和可靠性。而区块链技术通过点对点对等网络，实现了交易双方之间的直接相互信任，降低了交易成本。

区块链技术在涉及多方信任的场景中具有很高的应用价值。通过去中心化、点对点对等网络、共享账簿等特性，区块链技术能够为多方交易提供信用担保，从而改变现有的业务模式，提高交易效率，降低交易成本。

1. 跨境清结算

在我国的清结算交易中，虽然清结算的问题并不严重，但在跨境付款过程中，由于涉及多个国家和地区的银行，使得清结算过程变得复杂且压力大。其中，环球银行金融电信协会（Society for Worldwide Interbank Financial Telecommunications，SWIFT）组织起到了关键作用。SWIFT通过一套基于SWIFT Code的代码体系，将全球的银行连接起来，实现跨境转账交易。然而，这套体系也存在一些问题，如高昂的手续费和漫长的转账周期，这给用户带来了极大的不便。

然而，区块链技术的出现为打破这种基于中心组织的清结算体制，带来了新的可能性。区块链技术具有去中心化的特点，可以实现全球用户之间的跨境转账，且手续费低、速度快。尽管 SWIFT 在整个交易过程中处于中心地位，但它也面临着来自区块链技术的压力，不得不做出自我改变。

实际上，许多银行和区块链创新组织已经开始积极尝试使用区块链技术进行跨境支付。这也使得 SWIFT 在 2016 年年初启动了基于区块链技术的全新技术路线图，以应对来自区块链技术的挑战。目前来看，区块链技术有可能改变现有的跨境清结算方式，使得全球用户能够以更低的费用、更快的速度完成跨境转账，这对于 SWIFT 来说，既是挑战，也是机遇。

2. 智能合约

智能合约，这是一个涉及多方信任的场景，尤其在区块链技术的赋能下，其可信度得到了巨大的提升。本质上，智能合约并非财务概念，而是为企业间商贸活动提供的契约。然而，一旦结合电子数据进行签订和承载，智能合约背后的财务执行就可以更多地考虑自动化处理，从而简化财务流程。

智能合约的概念源自密码学家和数字货币研究者尼克·萨博，他将其定义为"一套以数字形式定义的承诺，包括合约参与方可以在上面执行这些承诺的协议"。换句话说，智能合约的所有触发条件都可以通过计算机代码进行编译，一旦条件被触发，合约将自动执行，无需人为干预。

在区块链出现之前，智能合约的执行依赖于中心系统，然而这样的模式往往难以获得合约双方的信任。区块链的出现，使得智能合约的设想得以实现，同时也为其提供了坚实的技术基础。借助智能合约，财务结算、会计核算等处理过程都可以自动触发，这将极大地简化财务处理流程，并为智能财务的实现提供了有力支持。智能合约的应用，不仅提高了合约的执行效率，而且也降低了信任成本，进一步推动了商业活动的便捷化。

3. 关联交易

在财务领域，关联交易的处理一直是财务人员面临的棘手问题。由于关联交易各方的账簿都是由各自的所有者管理，因此在交易发生后，对各方账簿进行记账和核对的工作变得极为复杂。传统的关联交易模式下，缺乏一个中心账簿以及区块链所带来的可靠安全机制，导致关联交易核对过程中出现问题。

为了解决这一问题，一些大型企业尝试构建一个中心平台，让所有关联交易方在该平台上完成交易登记，以实现类似于银行清结算的对账机制。然而，在区块链技术出现之前，这种探索方式存在局限性。

随着区块链技术的诞生，人们开始寻找新的解决方案。区块链的去中心化特性以及可靠的安全机制为实现关联交易管理提供了新的可能性。借助区块链技术，可以构建一个公平、透明且安全的关联交易平台，使得各关联方能够在去中心化的环境下完成交易，并自动实现对账核对。

区块链技术的应用，将使得企业在财务管理和业务运营方面实现更高程度的协同，降低信息不对称带来的风险。尽管实施过程中面临挑战，但区块链技术为解决业财一致性问题提供了新的可能，有望推动企业财务管理水平的进一步提升。

4. 社会账簿

设想一个未来的场景：整个社会的商业行为完全基于区块链进行，这将带来怎样的财务管理模式呢？在这个场景中，每个企业都是区块链上的一个节点，企业间的所有交易都通过区块链进行多账簿的链式记账。这样一来，假账的出现将变得极为困难。

同时，区块链所具备的高可靠性使得全社会交易记录变得更为准确。这一变化将对税务、财政等监管模式产生深远影响。在这个场景下，发票可能失去其存在的价值，而监管审计、第三方审计等也可能会逐渐失去其必要性，甚至可能导致审计的消亡。

这样的未来虽然看似遥远，但随着区块链技术的不断发展和普及，这种场景有望逐渐成为现实。这将极大地改变现有的商业模式和财务管理方式，使得商业行为更加透明、高效，并降低企业的运营成本。同时，这也将给审计行业带来前所未有的挑战，推动审计行业进行深刻的变革。

第六章 企业财务管理的智能升级

第一节 企业财务框架的智能升级

在当今智能时代，战略财务管理作为 CFO 基础能力框架的重要组成部分，正面临着巨大的变革。新技术的不断涌现，无论是直接的技术影响，还是智能化技术对社会、经济形态的改变，都在很大程度上影响了战略财务管理的各项工作内容。

为了应对这些挑战，企业的财务负责人需要具备高度敏锐的洞察力，及时掌握新技术的发展动态，了解它们对财务管理的影响。本节内容中我们主要论述企业财务框架智能升级的主要思路，为企业的财务管理改革提供理论上的支持。

一、企业战略财务

随着智能时代的到来，企业的经营方式、商业模式乃至战略规划都将发生重大变革。各行各业都会受到智能化技术的影响，无论是成为智能服务的提供商，还是参与智能化技术的研发，又或是引入智能化工具创新商业模式，企业都需要在智能化浪潮中寻求发展。

在这样的背景下，战略财务的管理也面临着挑战。战略财务需要具备敏锐的洞察力，紧密跟踪企业战略和经营的变化，主动为企业提供财务支持，而不仅仅是在企业变革后被动地适应。

在这场智能化变革中，战略财务的积极参与能够让企业赢得主动，更好地体现财务对企业战略和经营决策支持的价值。如果战略财务表现得过于被动，无法与业务部门站在同一对话层次上，那么企业可能会面临财务能力不足的问题，从而影响企业的整体运营。因此，战略财务需要在这场智能化变革中发挥积极作用，与业务部门开展紧密合作，共同应对挑战，确保企业在智能化时代的稳健发展。

二、企业的价值管理

在价值管理领域，大数据技术是实现智能增强的关键。通过大数据分析，我们可以发现更多的潜在价值提升机会。此外，大数据结合机器学习，为企业经营管理提供了更强大的预测能力，有助于提高营运资本和现金流量的管理水平。

在产权管理方面，基于规则的初级人工智能以及大数据技术能够辅助进行产权风险管理。这些技术能够帮助我们更及时地识别和防范风险，降低产权管理过程中的风险。

对于营运资本管理和现金流量管理，大数据技术同样具有重要作用。大数据能够帮助我们在营运资本和现金流量管理中发现更多的管理线索，进而优化企业的财务管理策略。

在价值管理中，企业进行关联性分析，能够发现更多可能提升价值的线索。这些线索可能在企业价值创造过程中发挥重要作用。通过大数据和机器学习技术，我们能够更好地分析这些线索，为企业创造更高的价值。

三、经营分析与绩效管理

智能化技术对经营分析的影响深远。大数据的应用使得经营分析的依据从局限的企业内部数据，扩展到包括社会化数据在内的更广泛的领域。这意味着经营分析的视角将更加全面，能够从更多的维度分析企业运营状况，提高分析的准确性。

大数据和云计算的结合为经营分析提供了更强大的数据处理能力，使得企业能够更加高效地捕获和分析数据。同时，大数据技术处理非结构化数据的能力，使得企业能够将微信、微博等社会化媒体的信息纳入经营分析的范畴，进一步拓宽了分析的范围。

此外，人工智能技术的发展使得经营分析方法从经验分析转向算法分析，使得企业能够实现更为复杂的分析，提高了分析的深度。同时，基于机器学习和算法的自我优化，企业的经营分析能力能够实现持续的提升，为企业发展提供了强大的支持。

第二节　企业风控管理的智能应用

对于专业的财务人员来说，防范业务人员的舞弊行为和控制资金流失风险，一直是工作的重中之重。然而，在传统的财务管理模式下，要实现这一目标存在一定的困难。一方面，防止资金流失和实际发生流失之间形成了一种类似于猫捉老鼠的游戏，财务部门需不断应对与业务部门之间的各种博弈和应对策略；另一方面，为做好这一工作，财务部门不得不投入大量的人力和精力来应对。

随着智能化时代的到来，财务反舞弊和资金流失工作迎来了新的转机。借助智能化技术，我们有望在与舞弊行为的博弈中占据更主动的地位，同时让算力在一定程度上替代人力。智能风控技术的应用，使我们更容易抓住财务舞弊和资金流失的蛛丝马迹。

智能化技术的应用为财务反舞弊和资金流失风险管理带来了新的机遇，使企业在应对各种风险挑战时能够更加从容应对。在未来的发展中，企业应继续关注智能化技术在财务风险管理领域的应用，以实现更高效、更安全的财务管理。下面将对企业风控管理中的各个方面进行分别分析：

一、财务风险中的财务渗漏

财务风险主要有两种表现形式。第一种情况是在繁琐的财务流程中，由于工作量大或者技能熟练度不足，容易出现各种各样的错误。这些错误并不一定都属于财务渗漏行为，而更多地被视为财务质量问题。例如，会计分录录入错误、账务处理不当等，这些都可能导致财务报表失真，为企业带来潜在风险。

第二种情况是所谓的财务渗漏，也可以理解为员工道德问题导致的舞弊行为。这类事件会直接或间接地导致企业财务损失。由于这些行为常常隐藏在大量的日常业务中，如员工报销、零星采购等，就像一个容器出现了破损，让沙子不断流失，因此被称为财务渗漏行为。

财务渗漏的特点如下：

1. 难以察觉：财务渗漏行为往往与其他正常业务混合在一起，难以立即察觉。只有通过细致的审计和检查，才能发现异常情况。

2. 持续性强：一旦财务渗漏行为发生，如果没有及时采取措施，它会持续对企业造成负面影响。

3. 损失隐蔽：财务渗漏导致的损失可能不会立即反映在财务报表上，而是在一段时间后逐渐显现。因此，企业需要强化对财务数据的监控和分析，以发现潜在的渗漏行为。

4. 涉及范围广：财务渗漏可能涉及企业的各个部门，如销售、采购、报销等，需要全方位加强风险防范。

要更好地鉴别财务渗漏，我们可以把握其中最重要的关键词——"虚构"，在财务渗漏中，常见的虚构事项主要有以下三种：

一是虚构经济事实。在财务渗漏事件中，最恶劣的情况之一就是"无中生有"式的欺诈行为。这类欺诈行为通常具有以下特点：（1）无中生有：涉案者在没有任何真实业务支撑的情况下，凭空捏造一个经济事实。（2）逻辑严密：为了使欺诈行为看起来更加可信，涉案者会编造一套看似合理的逻辑和证据链。（3）目的明确：涉案者进行欺诈行为的主要目的是从企业中套取资金。（4）资金去向多样：套取的资金可能会被用于特殊用途、员工的补充福利，或者直接被涉案者个人占有。

二是虚构原始凭证。在财务渗漏事件中，相较于完全虚构事实，虚构原始凭证的情况稍微轻微一些。有时候，员工确实发生了实际的业务支出，并已经自行支付了相应的费用，但由于发票遗失、审批流程不完善等原因，导致能够支持报销的原始凭证缺失。在这种情况下，为了完成报销，员工可能会采取一些不合规的手段，如购买虚假发票、伪造审批签报等。虽然从动机上来说，虚构原始凭证的行为相较于完全虚构经济事实要稍微好一些，但它仍然属于财务渗漏行为。这种行为不仅违反了企业的财务管理制度，而且还可能涉及税收违法等问题。

三是虚构业务金额。在某些情况下，一些业务支出具有混合性质且较为难以察觉，我们通常将这些情况称为"遗留业务额度"。在这种背景下，往往存在一个基本的经济事实，即确有实际的经济支出发生。例如，员工小明确实出差了，但在报销过程中，他夸大了住宿费用，将实际住宿的 5 天改为 10 天，每天费用也从 500 元提高到 1000 元。这种行为就是在存在事实基础的情况下，虚增了业务支出。这种混合式的行为也是我们所理解的财务泄漏现象。

首先，在这一事件中，员工出差确实是发生了经济支出，这是整个事件的基础。其次，员工在报销过程中，对实际支出进行了放大，将住宿天数和每日费用都进行了提高。最后，这种虚增的支出额度就被视为财务泄漏的一部分。

财务泄漏行为可能发生在各个部门和环节，包括但不限于差旅、办公用品、业务招待等。尽管每一笔泄漏的资金可能看似微不足道，但累积起来会对企业造成不小的经济损失。因此，企业有必要强化对财务泄漏行为的监管，建立健全的财务管理制度，防范潜在的风险。

二、财务渗漏的进阶形式

进化论，作为自然科学领域中的一条普适性基本原理，同样适用于财务泄漏现象。进化论强调物种的适应性和不断变化的环境，这在财务领域中也有着相似之处。在企业不断发展的过程中，财务渗漏这一问题也在持续不断地发生着进化，企业在面临不断变化的市场和经济环境时，需要适应并调整财务管理策略，以应对潜在的财务泄漏风险。

财务渗漏的发展过程可以划分为四个阶段：基础进化阶段、惯性进化阶段、关联进化阶段和突变进化阶段。

在基础进化阶段，财务渗漏行为往往是偶然发生的，例如员工在报销时填错了信息，但财务人员并未察觉。这个阶段的渗漏行为就像在取款时，自动取款机误吐出不属于我们的钞票，我们却将它们放入自己的钱包。

进入惯性进化阶段，部分员工会将偶然的渗漏行为转变为惯性的行为，他们试图抓住财务控制上的漏洞，习惯性地占便宜。这些行为逐渐演变成主观故意的欺诈行为，形成财务渗漏。

关联进化阶段是在业务真实性控制失效的情况下，通过伪造证据来实现欺诈行为。这个阶段，渗漏的频率和规模都会得到进一步扩大。

在突变进化阶段，渗漏行为开始呈现出一些变异特性。部分人不再满足于频繁的渗漏，而是将渗漏规模扩大，将更多的证据链纳入渗漏范围，实现大量渗漏。

总的来说，财务渗漏的发展是一个逐步演化的过程，从基础进化到惯性进化，再到关联演化和突变演化。企业在应对财务渗漏时，需要根据渗漏的不同阶段，采取相应的预防和应对措施，以降低损失。

三、财务反渗漏的进化与面对的难题

实际上，在传统模式下，财务渗漏给我国带来了不容忽视的挑战。与渗漏本身的进化相呼应，财务人员的反渗漏策略也在不断演进。

在早期，财务人员的反渗漏策略依赖于"经验"。在这个阶段，通过多年的实践，财务人员逐渐形成了反渗漏的敏锐度。经验丰富的财务人员仅凭报账单据，就能产生职业敏感性判断，依靠经验查处舞弊行为成为他们自豪却又无奈的选择。然而，经验的积累并非易事，缺乏一线实践的积累，很难首先这样的能力。

"从依赖数据到依赖逻辑"的进化使财务人员在反渗漏道路上迈出了一大步，然而我们必须正视，与快速进化的渗漏技术相比，反渗漏的进化仍存在一定的滞后性。在应对财务渗漏的挑战时，财务人员需要不断调整策略，以适应不断变化的环境。在反渗漏的过程中，可能比较难以解决的难题主要有以下几个：

1. 有限的数据资源

无可否认，财务人员借助 Excel 或者基础的商业智能分析工具，能够应对诸多问题。然而，在面对如潮水般涌来的海量高频数据时，这些数据分析资源显然捉襟见肘。事实上，反渗透分析如同线索发掘，与常规的数据分析大相径庭。它要求财务人员在大数据和繁复的分析中，寻找隐匿的线索。

如何突破数据分析的资源瓶颈，已成为财务人员亟待解决的难题。唯有借助技术创新，突破数据分析的瓶颈，才能在未来展开更为复杂的反渗透行动，为财务人员提供更多可能。

2. 处理渗漏线索的逻辑过于复杂

在财务领域对抗潜藏的漏洞，依赖逻辑探寻线索实属不易。逻辑的设计如数据建模，为高效寻觅复杂漏洞的线索，模型需构建得足够巧妙。然而，人脑处理逻辑的复杂性有其极限，当逻辑层次超越人类的理解范畴，依靠认知能力进行逻辑分析并发现漏洞线索便愈发困难。

因此，财务人员面临重要挑战：如何突破人类逻辑的束缚，探寻隐秘或复杂的逻辑线索，以期攻克反渗漏难题。在探索的道路上，他们需勇往直前，不断突破自我，以期在反渗透领域取得更多成就。

3. 关联渗漏问题难以杜绝

在反渗透战斗中，财务人员常感无力应对关联渗漏。这种情况下，欺诈行为被分散在各异的分录、时间乃至子公司之中。无疑，财务人员难以跨越这些天然屏障——单据、时间和子公司，进而发现隐藏的漏洞。于是，许多狡猾的罪犯得以逃脱。审视财务反渗漏的进化，其速度远不及渗透本身的变异。尤其在过往的一段时间里，技术手段无法突破成为最大挑战。可喜的是，在科技力量的推动下，这一局面终于得以改变。如今，财务反渗透战场的格局正在发生变革，关联渗漏的问题不再像过去那样难以得到破解。

四、智能时代反渗漏技术的智能进化

随着数字化时代的降临，财务人员在这场反渗透的战斗中找到了突破口。大数据与机器学习技术的崛起，为财务提供了在反渗透领域应用先进技术的可能。接下来，我们将主要探讨基于规则模型、监督学习模型、非监督学习模型以及社会网络分析这三种风控方法在反渗透策略中的升级应用。

1. 在规则模型与监督学习模型基础上实现智能风控

实际上，基于规则的反渗透策略与我们在上文中所述的"依赖数据与逻辑"的反渗透策略在核心思想上是一致的。它们的主要区别在于，基于规则的方法能够利用信息系统来运行复杂的规则模型，而非依赖于人工分析。

2. 在非监督学习模型的基础上实现智能风控

借助机器学习的非监督学习方法，财务人员也能找到潜在的渗透线索。非监督学习，某种程度上可理解为机器对海量数据进行自主聚类分析的过程。机器系统并不重视数据本身的含义，而是将数据依据特征相似性进行分类。因此，大部分正常单据具有相似性，能够被非监督学习模型归为非常相似的大区域，而那些可能存在渗透行为的不正常单据，则有可能出现在特定区域的小圆圈中。这样的可视化分析有助于财务人员将渗透调查的重点聚焦在这些特殊的小部分单据上。

非监督学习在技术上的支持，使财务人员能够突破数据与逻辑分析的局限，发现传统模式下难以察觉的渗透风险。在这个科技与文学交织的时代，财务人员如驾驭科技的骑士，披荆斩棘，挑战渗透的极限。非监督学习为这场战斗注入了新的活力，让财务人员能够更好地洞察潜在的风险，为财务领域的安全保驾护航。

3. 在社会网络基础上实现的智能风控

人的思维能力往往难以触及跨越时空的关联性。然而，在大数据技术的庇护下，通过建立社会网络来发掘渗透风险，成为解决关联渗透问题的创新途径。

社会网络模型汇集了筛选、统计、时间还原、风险节点关系分析、可视化关联分析等多种功能，能够更加快速、高效地帮助财务人员发现潜在的渗透风险。

在实现中的核心思路是以报销单据为切入点，将员工、审批人、供应商等多个要素与之建立关联，从而构建一个涵盖时空范畴的网络体系。在这个网络中，财务人员重点关注"黑节点"，即存在问题的单据、人和供应商，并通过与其他技术手段相结合的方式，发现潜在的"被污染节点"。这种以网络和"黑节点"为视角的问题发现方法，可以快速定位问题，挖掘出隐藏在数据和时间中的渗透行为。

在实际构建社会网络模型的过程中，财务人员需经历节点确定、数据提取、节点数据清洗、关联关系匹配以及生成网络等关键步骤，以确保网络质量。此外，随着反渗透技术步入智能风控时代，财务人员需掌握智能风控工具，不断提高自身专业素养，以应对智能时代带来的挑战。

随着科技的发展，财务人员应当充分运用智能化手段，如大数据、人工智能等技术，提升风险防控能力。在构建社会网络模型的过程中，注重数据质量和关联关系的梳理，以提高问题发现的准确性和效率。同时，财务人员也应不断学习，提升自身专业素养，适应智能化风控时代的需求。总之，通过构建社会网络模型，财务人员可以更加有效地发现和防范问题，确保企业财务安全。

第三节　企业发票管理的智能优化

一、电子发票概述

1. 电子发票的发展历程

自20世纪60年代末开始，美国开始使用电子数据交换，而在2013年则全面推广了电子发票。此外，2008年，欧盟也发布了《电子发票指导纲要》，要求建立统一的欧盟电子发票系统。

在我国，电子发票正式落地之前有一个重要的过渡时期，即网络发票时期。网络发票提供了一个网络化的发票管理平台，人们可以在这个平台上申领、开具和管理纸质发票。虽然与电子发票不同，但网络发票的出现在观念上为后续的电子发票的诞生提供了很好的铺垫。

到目前为止，我国大部分行业仍然使用传统的纸质发票。这意味着在电子发票的推行过程中仍然面临一些挑战和障碍。为了进一步推动电子发票的普及，需要加强电子发票服务平台的建设，并在特定行业中推广使用电子发票。这将为我国财务管理带来更高的效率和便利。

2. 使用电子发票的优势

对于开票方来说，电子发票具有以下两个优点：

首先，对于零售、服务和金融行业等企业来说，开具纸质发票存在一些问题，如需要进行印刷和配送，以及相关的成本问题。而电子发票能够有效解决这些问题，提供更便捷的开票方式。

其次，从技术角度来看，开具电子发票相对较容易。核心的技术难点，如税控加密防伪、电子签章、二维码和发票赋码等，都集成在统一的电子发票服务平台和税务端管理平台中，开票方无需进行额外的技术投资。开票企业所需做的是在其企业端设置前置机，与电子发票服务平台进行数据交互，提交开票的电子数据信息，并将电子发票服务平台返回的电子发票文件提供给客户。

最后，对于这些企业的客户来说，获取发票的目的主要是为了质保或维权。相比纸质发票，电子发票更易于管理。特别是在互联网服务日益发达的情况下，微信等社交平台也提供了电子发票的配套解决方案，这为用户获取和保管电子发票带来了更多的便利。

二、电子发票的未来发展展望

在我国税收政策改革中，一项重要的举措就是将各类发票逐步统一为普通增值税发票。这个过程虽然不可避免，但实现这一转变并非易事，因为它涉及到大量的基础设施建设，以适应新老方式之间的相互切换。

改革后，无论是高税率还是低税率的增值税发票，都将全面支持电子发票格式。国家税务部门的数据服务器将能为全国用户提供互动支持，打破现有服务器的性能瓶颈。这将为我国企业提供无偿的资料互动服务，便利企业的发票管理和业务运营。

在此基础上，电子发票公共服务平台应运而生。这个平台以某个可信的组织为基础，为开票方、收票方和税务部门提供一站式服务，包括发票查验、电子签章、发票推送和发票存储等公共服务。

企业端的系统可以与税务局的数据库进行数据层面的连接，实现电子发票数据的直接传输。同时，企业应建立电子文件制度，实现电子发票与其他原始凭证的集成电子记录。另外，企业在"公众服务平台"和"电子存档"的支持下，无需打印纸质凭证即可完成报销流程。理论上，企业可以在卖出商品后，通过ERP系统与公众服务平台直接进行连接，实现实时开票。

在这个过程中，企业支付系统会对电子发票文档中的数据进行分析和验证，确保支付完成后，电子发票被录入电子发票系统并存档。员工可以通过手机或第三方支付服务商的APP上传电子发票格式文件，启动报销流程。总之，电子发票的推广和使用，将极大提升我国企业的运营效率和管理水平。

第七章 财务与会计信息系统维护

第一节 系统维护概述

系统维护是软件生命周期法的最后阶段,也是延续时间最长,费用投入最大的阶段。系统维护是指为了保证系统能正常工作,适应系统内、外部环境和其他相关因素的变化而采取的有关活动。系统维护的内容主要有系统软件维护、数据维护、代码维护、设备维护等。

进行系统维护的目的如下:

(1)维持系统的正常运行。系统正常运行工作包括数据收集、整理、录入,机器运行的操作,处理结果的整理和分发,系统的管理和有关硬件维护,机房管理,空调设备管理,用户服务等。

(2)记录系统运行状况。这是进行科学管理的基础,包括及时、准确、完整地记录系统的运行状况,处理效率,意外情况的发生及处理等。它是进行系统评价的基础。

(3)有计划、有组织地对系统作必要修改。系统修改的起因是多方面的,主要包括管理方式、方法及策略的改变;上级的命令、要求;系统运行中出错;用户提出的改进要求;先进技术的出现等。对系统的任何修改都必须非常小心谨慎,有计划、有步骤地执行。

(4)定期或不定期地对系统运行情况回顾与评价。所谓财务与会计信息系统维护,主要是指对财务与会计信息系统软件和硬件系统的修正改造工作。通过系统维护,改正系统存在的错误或不足,完善系统的功能,使系统适应新的环境,保证系统正常运行。

系统维护工作是一项极其重要的工作。这是因为财务与会计信息系统是一个比较复杂的系统，当系统内、外部环境发生变化时，系统要能适应各种人为、机器的因素的影响；当用户在使用过程中遇到一些以前没有发生过的问题，不断提出新的要求和建议时，系统要能通过二次开发得到满足。

系统维护工作也是一项经常性的工作。维护的工作量在财务与会计信息系统工作中所占比率很大，与此相应的是，系统维护费用也很大。财务与会计信息系统的应用对象总是处于动态的变化之中，无论财务与会计信息系统设计得如何周密、完善，在实施和运行期间必然会产生偏差。因此，财务与会计信息系统维护工作伴随着财务与会计信息系统的诞生而产生、发展，直到生命期的终结。因此，财务与会计信息系统的维护包括：软件维护、硬件维护和使用维护等。根据软件维护目的的不同，软件维护可分为：

（1）纠错性维护。即排除软件在运行中显露出的错误。

（2）适应性维护。即为适应外界环境变化而进行的修改。

（3）完善性维护。即为扩充功能或完善性能而进行的修改，如增加打印新的分析报表，改进数据组织或处理方法，缩短某个处理的等待时间等。

依据软件维护的对象不同，软件维护还可分为：

（1）应用软件的维护。若处理的业务、数据或信息量等发生变化，则会引起应用软件的变化。应用软件的维护是系统维护最重要的内容。

（2）数据文件的维护。系统的业务处理对数据的需求是不断变化的，数据文件也要适应变化的情况，进行适当的修改，增加新的内容或新文件。

硬件维护指对计算机主机及其外部设备的保养，发生故障时的修复和为适应会计电算化软件的运行而进行的硬件调整等。

第二节　系统的转换与初始化

一、系统转换

系统转换是指将现行会计信息系统向新的会计电算化信息系统转变的过程。当财务与会计信息系统通过严格的测试后，就进入系统转换过程。系统转换时需将现行会计信息系统的文件转换到新系统中去；对已调试好的新系统加载，准备试运行或运行；把有关资料、使用操作和系统控制权正式移交给用户。

系统转换的最终形式是将财务与会计信息系统的全部控制和使用权移交给终端用户。系统转换的主要内容包括：组织机构、人员、设备、处理方式等的转换。一般而言，系统的转换主要包括并行方式、直接方式、试运行方式、分段方式等四种。

（一）并行方式

此方式是指原会计系统和财务与会计信息系统并行运行，在财务与会计信息系统全部投入使用后的一段时间内，原会计信息系统继续运行一段时间，待运行成功后再进行切换。并行方式耗费虽大，却十分安全稳妥。财政部要求，会计电算化系统全部替换原会计系统，会计应用软件要通过评审，并与原会计系统并行运行3~6个月，并保存完整的与原会计处理相一致的会计业务数据。因此实务中多采用并行转换方式。

（二）直接方式

此方式选择一个适当的时刻正式启动新系统，与此同时，现行会计信息系统停止运行，直接用新的会计电算化系统全面替换手工系统。显然，直接方式的耗费最小，但风险最大。该方式适用于经过较长时间考验、成功把握较大的情况，而不适合重要系统的转换。会计电算化系统若选用直接方式进行系统转换，要准备应急措施，以保证系统转换工作的顺利进行。

（三）试运行方式

将财务与会计信息系统的主要功能与原会计系统并行试运行，直至试运行满意后，才将整个财务与会计信息系统直接投入运行，以替换原会计系统。

（四）分段方式

此方式是指分期分批逐步以财务与会计信息系统替代原会计系统，即当新系统的一部分经过一段时间运行并成功以后，再转换该部分现行系统。这种转换方式必须事先考虑好各部分之间的接口，当新系统与现行会计信息系统之间的差别太大时不宜采用。

显然，试运行方式和分段方式是基于耗费与风险的权衡而采取的一种折中的方式。

二、初始化

财务与会计信息系统的初始化工作是指用户根据本单位的具体情况，为会计电算化软件系统设置相应运行环境的工作。通过初始化设置，确定本单位的会计核算规则、方法和基础数据，将一个通用软件转化为适合本单位具体情况的专用软件。初始化工作质量的高低，直接影响着会计电算化软件运行状况的好坏。初始化主要工作包括以下内容：

（一）账套设置

所谓账套设置，就是用户依自己的需要建立独立的核算单位。为一个独立核算单位建立的一套独立的账簿体系，称为一个账套。对于一个企业集团，可为各独立核算单位定义若干个账套，组成一个完整的会计核算体系。每个账套均可独立进行科目代码设置、记账凭证输入、记账、结账、报表编制、银行对账等各种功能。设置账套是用户启用会计电算化软件所需做的第一项工作。

（二）操作员权限设置

出于系统安全和数据保密的需要，由于工作内容、岗位和职位不同，会计信息系统操作人员的权限范围也不同。如：凭证录入人员有权输入、修改凭证，但无权审核凭证，无权修改会计核算的方法，无权变更其他操作员的名称、权限；部门经理有权查询有关账表，却无权更改凭证和账表。操作员权限的设置方案必须认真设计，要从功能处理权和数据存储权两个角度来设计权限的设置方案，还要将计算机操作系统的安全机制与财务与会计信息系统的操作权限结合起来考虑，否则会给系统运行带来隐患。

（三）会计科目的设置

依据财政部颁发的会计制度及有关规定，结合本企业实际，确定并输入会计科目名称及其编码，要建立会计科目名称与科目编码的一一对应关系。凡是会计制度已统一规定的科目及其编码，企业不得随意改变，但可根据实际情况自行增设、减少或合并某些科目。会计制度对一级科目进行了统一的编码,一级科目由三(四)位数字组成,其最高位的数字规定为整数1、2、3、4、5等五个数字,其中,数字1表示资产类,数字2表示负债类,数字3表示所有者权益类,数字4表示成本费用类,数字5表示损益类。编码要做到标准化、通用化,并具有一定的扩充能力,因此一般采用混合编码方式,即一级科目采用分类编码,明细科目则采用顺序编码。

(四)初始余额的输入

账户初始余额的输入,应以原会计系统的账簿为准。在此需要特别提出注意的是,如果企业财务与会计信息系统的初始化,是在年中而非年初进行,如从8月份开始的,那么其账户的初始余额的输入该如何处理呢?对于此种情况,可采用以下两种方法:一是直接以7月底的各项数据作为年初始余额输入;二是直接输入原账簿的年初始余额,同时补充输入1月至7月份的记账凭证。显然第一种方法更加省力,但编制会计电子报表时,部分项目数据无法直接从财务与会计信息系统的账册中获取,如资产负债表中的年初数,损益表中的本年累计数等;第二种方法虽正规,但工作量太大。

较为折中的方案是:以现行账簿的年初数作为年初始余额输入,同时依次输入各会计科目1月至7月各月份的累计发生额。

(五)会计报表的公式定义

会计报表是在日常核算的基础上,通过进一步加工汇总形成,会计报表是对单位财务状况的经营成果的综合性反映。通用的商品化会计核算软件通常都提供一个功能强劲的报表生成器,通过这个报表生成器,可完成各种不同种类报表的定义与编制。

会计报表中的各个数据项(表元),是用户根据报表与账表、报表与报表、报表与其他系统之间的关系而确定的。在报表生成器中,可通过报表公式定义,给出报表编制方法和表间勾稽关系。定义报表编制方法的数学表示,又被称为运算公式,即用于说明表元的数据取自哪些部门、哪些账表并通过什么运算处理而得来的。

一个公式用于定义报表中一个表元的计算或审核方法。一旦报表各表元的公式定义完毕,那么会计报表就可依据公式自动填列,只要报表各表元填列规则不变，该会计报表的定义就可反复使用。根据第四章所述，商品化会计核算软件通常都提供各种取数函数供用户选择，并备有公式引导输入功能，帮助用户完成对报表公式的定义。

（六）凭证类型和自动转账设置

我国会计实务所用的记账凭证种类，可分为收款凭证、付款凭证、转账凭证三种记账凭证，也可分为现收、现付、银收、银付、转账五种记账凭证，或者无论收款、付款还是转账业务均只用一种记账凭证。

所谓凭证类型的设置，即指用户根据企业经营特点及管理需要，从中选一种分类方法。凭证类型一旦定义并使用，一年之内不能变动，若要修改、调整，必须等到下一年度的年初。

在转账业务中，特别在结账时，许多记账凭证是有规律、重复地出现的，这些凭证除了发生额，其他项目如摘要、供货科目、计算方法都基本不变。用户可在初始化时将该凭证的内容存入计算机，并定义为"自动转账分录"，用不同的分录号标明，凭证的借贷发生额由取数策略决定。对于设置为自动转账的业务，只要将"分录号"输入计算机，计算机就会根据事先定义的金额来源或计算方法自动填写相应金额，产生记账凭证。自动转账凭证又称为机制凭证。这些记账凭证，有的在记账时编制，有的在结账时编制。财务与会计信息系统的初始化工作除了上述这六项基本内容外，还包括非法对应科目设置、外汇汇率输入等内容，若要分部门进行项目核算，还要对部门与项目信息进行设置。

第三节　财务与会计信息系统的操作权限维护

财务与会计信息系统加工、存储的是企业的重要经济数据，对这些数据的任何非法泄露、修改或删除，都可能给企业带来无可估量或无可挽回的严重损失，因此无论是对会计电算化还是对企业而言，安全保密性都是至关重要的。

财务与会计信息系统的安全保密工作，通常包括对操作人员使用系统功能的权限设置，以及对操作目标的权限设置两大部分。

一、操作员的权限设置

本节关于财务与会计信息系统初始化的内容中，已介绍过所谓操作权限的设置。操作权限设置的作用，一是明确财务与会计信息系统操作员的注册姓名、代码及口令；二是明确特定的注册代码、口令的权限。

任何想进入财务与会计信息系统的用户，必须输入注册姓名、对应代码及口令，只有在三者的键入完全正确时，才能进入财务与会计信息系统，否则将被拒绝。

进入财务与会计信息系统后，用户也只能执行授权（权限）范围内的相关功能，如财务与会计信息系统中的各种账、表进行的凭证输入、记账、编制会计报表等相应操作。

二、操作目标的权限设置

操作员的操作目标，是系统中的文件，具体对财务与会计信息系统，就是系统记录和表达经济业务数据的各个文件。操作目标的权限设置，就是指通过对不同类型的文件或目录设置适当的属性，约束或限制删除、改名、查看、写入及共享等操作，以实现保密、安全的目的。对于某个特定的操作目标，一般可进行以下几种权限设置：管理员权限、只读文件权限、写文件权限、建立新文件权限、删除文件权限、修改文件权限、查找权限、修改文件属性权限等。根据用户代码、口令级别的不同，可将以上权限，全部或部分授予用户。

文件的属性有多种，且有些还可对网络用户产生作用。在微软的 FAT 数据格式中，用于保密安全的有下列属性：

● 只读属性（READONLY）

如果文件具有这种属性，则只能读取该文件，但不能修改和删除该文件的内容。因此与该属性相对的是读写属性（READ/WRITE），具有读写属性的文件可以被用户读取、写入、改名及删除。

● 隐含属性（HIDDEN）

如果文件具有这种属性，则文件在对文件名列表时不显示出来，因此不知道该文件的名字的用户，就不能感知该文件的存在。

● 系统属性（SYSTEM）

与隐含属性相似，如果文件具有系统属性，即为系统文件，则其不在列表清单中显示出来。这样，可防止文件被删除或被拷贝。

以上各类权限既可单独使用，也可配合使用，在实际中，通常是配合使用。配合使用时需关注的是：文件属性保密性优先于用户等效权限。以只读属性为例，如果文件是只读文件，则不论用户等效权限如何，用户对该文件只能读，不能写、换名和删除。

在网络化的财务与会计信息系统应用中，以上诸属性尚达不到系统安全的目的，应当使用微软的 NTFS 数据格式，或其他安全级别更高的操作系统。

第四节 财务与会计信息系统运行维护

财务与会计信息系统运行维护，主要是指为保证系统正常运行而对系统运行环境进行的一系列常规工作或措施，包括外界的物理环境及系统内部环境。

一、系统运行环境维护

财务与会计信息系统可靠运行，首先必须要有良好的外界环境。由于人们往往对不良环境可能对计算机系统造成的危害认识不足，当计算机发生物理损坏、程序出错、数据丢失、输出结果错误时，这就需要从计算机运行环境的外界环境方面找问题。

（一）外界环境的影响因素

计算机所处外界环境的好坏主要取决于供电电源、温度、静电、尘埃四大因素。

1. 供电电源

计算机对供电质量和供电连续性要求很严，它要求连续的、稳定的、无干扰的供电，俗称"清洁"电源，若直接使用普通的工业供电系统，给计算机系统供电，则存在以下三个主要问题：

（1）供电线路环境噪声。输电网的电力调节、电力设备的启停、闪电、暴雨等均可产生电噪声干扰和瞬变干扰。据美国的统计数字，这类干扰占典型供电环境的90%，而计算机50%的错误是由这类干扰所引起的，它轻则使程序出错、数据丢失，重则能击穿计算机的芯片，使机器损坏。

（2）电压波动。电压波动既可以是瞬间波动，也可以是较长时间的过压或欠压供电。如照明灯的忽明忽暗，就是电压波动的表现。无论是瞬间波动或过压、欠压供电，都会对计算机产生"冲击电压"或"浪涌电压"，使计算机出错或直接损坏。

（3）停电。停电既可以是供电停止，也可以是瞬间断电。所谓瞬间断电，从宏观上看，供电并未停止，只是在某一瞬间，即在几个毫秒内断了电，然后又马上恢复了。对于瞬间断电，人们往往不熟悉，也不易察觉，计算机对此却十分敏感。无论是突然停止供电还是瞬间断电，都会产生严重的后果，甚至有可能损坏或损伤硬盘。

2. 环境温度

不良的环境温度会严重损害计算机的存储器和逻辑电路，加速电子元件的老化。因此，一般计算机禁止在低于5℃或高于35℃的温度下使用或存放。经实验表明，温度过高就会大大增加存储器丢失数据和使计算机发生逻辑错误的机会。过低或过高的温度还可能会使硬盘"划盘"，使硬盘遭受损坏。

3. 静电

积累在物体身上的静电荷，会对计算机造成严重破坏。人们在地毯上行走可产生高于1.2万伏的静电，在正常温度范围内，即使是在乙烯醛地板上走动也可产生4000伏静电。已得到证实的是，仅仅40伏的静电就可使微机产生错误。静电与湿度之间有密切的关系，如果室内相对湿度低于40%，静电的危险性就大为增加；如果湿度高于60%，凝聚的危险增加，引起电接触不良甚至腐蚀，或引起电子器件短路。

4. 尘埃

灰尘不仅是软盘和磁头的大敌，而且也是其他计算机设备的大敌。

（二）外界环境的改善与维护

为改善、维护外界环境，一般应建设专用机房并安装空调，保持室内清洁和适当的湿度，有条件的还应装防静电地板。对于供电电源，必须做到以下几点：

● 采用专用干线供电，线路上不安装其他大型用电设备；

● 计算机应接入同一供电线路或电源，并统一接地，以减少电源相位差所产生的噪声；

● 各台计算机与终端应装上分开关，以减少使用统一开关所产生的浪涌电压；

● 在电源后面安装具有滤波和隔离功能的电源稳压器，以抑制瞬变干扰、冲击电压、浪涌电压的危害，使电压得到稳定；

● 在稳压电源后面接入不间断电源（UPS），以保证突然断电时有充足时间采取必要的防护措施。

二、系统内部环境维护

所谓内部环境，是指财务与会计信息系统运行的软、硬件环境，如果软、硬件环境不能满足要求或相互不匹配，系统也不能正常运行。

（一）硬件维护

对企业而言，硬件维护的主要工作，是在系统运行过程中出现硬件故障时，及时进行故障分析，并做好检查记录，在设备需要更新、扩充、修复时，由系统管理员与维护人员共同研究决定，并由维护人员安装和调试。系统硬件的一些简单的日常维护工作，通常由软件维护人员兼任，主要工作则由硬件销售商负责。以下是企业中较常见的硬件日常维护工作：

1. 硬盘、内存的有关维护

首先会计电算化软件正常安装、运行需要较多的存储空间，即需要足够大的硬盘空间。在将会计电算化软件安装到硬盘上之前，要检查并清除硬盘上的病毒、删除硬盘上不需要的文件、目录（或文件类），重整硬盘文件；其次，在会计电算化软件日常运行时，可通过删除硬盘上保存的已备份过的以前年份的数据来缓解硬盘空间的紧张形势。可通过关闭一些任务的窗口来释放内存空间。在微软的 WINDOWS 操作系统系列产品中，要定期对其注册表进行维护，以提高系统的工作效率。

2. 打印机、显示器的有关维护

财务与会计信息系统运行中，经常需要对记账凭证、日记账、报表等进行查询和打印。查询结果需要通过显示器和打印机输出。每一种类型的显示器和打印机都有各自的驱动方式。目前，计算机的外部设备大多具有即插即用和热插拔的能力，但对于一些较陈旧的设备，或是比财务与会计信息系统所用操作系统版本更新的设备，系统就不能自动地正确识别。因此，会计电算化软件要正常运行，必须选择与之相适配的显示、打印驱动程序。

（二）软件维护

财务与会计信息系统投入运行后，可能需要对系统的功能进行一些改进，这就是软件维护工作。软件维护与数据维护是系统生命周期的最后一个阶段，工作量最大，时间也最长。对于使用商品化会计核算软件的企业，软件维护主要由会计软件公司负责，企业只负责操作与数据维护。财务与会计信息系统数据维护的目的，是使系统的数据映像能够准确地反映企业资金的历史状态、运行状态与现时状态。对于自行开发会计核算软件的企业，需设置专职系统维护员，负责系统的软、硬件维护工作。软件维护主要包括以下内容。

1. 正确性维护

旨在诊断和改正使用过程中发现的程序错误。

2. 适应性维护

是配合计算机科学技术的发展和会计准则的变更而进行的修改设置活动。如：会计软件的版本升级、会计年度初始化、月初始化工作等。

3. 完善性维护

为满足用户提出的增加新功能或改进现有功能的要求，对软件进行的修改。相当多的企业，受财力、人力所限，最初只在会计核算方面实现了电算化，使用一段时间后，人们往往希望将会计电算化范围扩展至会计计划、会计分析、会计决策等方面，这时就必须对原会计电算化软件进行进一步修改和完善。

4. 预防性维护

为给未来的改进奠定更好的基础而修改软件。

决定软件可维护性的主要因素是软件的可理解性、可测试性和可修改性。因为在系统维护前只有理解需维护的对象才能对之进行修改；在修改后，只有进行了充分测试，才能确保修改软件的正确性。因此，在系统开发、维护过程中，要保留完整、详细的文档资料。对于商品化会计软件来说，其应用系统的操作功能维护比较困难，一般应由软件生产商来进行。如果对现有系统的维护费用已超出或接近重新开发一个新系统时，就应报废现有系统，重新开发一个新系统。

第五节　数据的备份与恢复

通用会计软件系统都能直接在硬盘上存储会计数据。在计算机系统中，数据是为各种应用提供服务的基础，甚至可以说，数据是比计算机设备本身还宝贵的资源。用户最关心的问题之一，就是他们的数据是否安全；当系统数据因事故而丢失、破坏或被修改时，是否有办法恢复。备份的目的是防止发生意外事故。意外事故不可能经常发生，因此我们使用备份数据的频率并不是很高。正因为意外事故发生的频率不高，因而往往使人们忽略了数据备份工作。本节将分别论述如何防止硬盘数据的丢失，以及论述恢复磁盘丢失数据的策略。

一、数据备份

数据备份的主要目的是防止发生意外事故。通常，数据备份是增加数据可用性的基本方法，通过把重要的数据拷贝到其他物理位置，如软盘、磁带、可拆卸磁盘、光盘等存储介质。当数据遭到意外损坏或者丢失时，再从所复制的位置把数据恢复到需要的地方。

根据不同的命题，可以对各种备份方法进行分类：

- 按照备份数据的具体方法分类，有全量备份、增量备份和差量备份；
- 根据备份时间的不同，可分为即时备份、定时（计划）备份和自动备份；
- 按照备份过程和系统运行的关系，可分为冷备份和热备份；
- 根据备份对象的不同，可分为文件备份和影像备份；
- 根据存储介质的不同，可分为磁带备份、磁盘备份、光盘备份；

● 根据备份数据的物理位置，可分为本地备份、局域网备份、远程备份、异地备份。

如上所述，有全量备份、增量备份、差量备份三种备份解决方案可供选择。全量备份就是每次都用一盘磁带对整个系统进行完全备份，包括系统和数据。增量备份就是每次备份的数据只是相对于上一次备份后新增加的和修改过的数据。差量备份是每次备份的数据都是相对于上一次全量备份之后增加的和修改过的数据。

制作数据备份的周期不能太长，一般最长不能超过一个月，对重要的数据需要每天备份，这样备份数据就尽可能地反映系统的最新状态。财务与会计信息系统工作时，在重要业务处理结束时、会计分期终了进行结账前、删除硬盘上的历史数据之前，都必须做数据备份。应制作A、B两组备份，并将A、B两组备份存放在相隔较远的不同建筑物内，防止火灾等自然灾害发生后使数据备份全部被破坏。备份数据的保存地点应防磁、防火、防潮、防尘、防盗、防霉烂。应采用一些专用设备来保证存储介质的完好，免受灰尘、高温、高湿、磁场、碰撞等因素的损害。

对于一些重要的会计数据，如记账凭证，现金及银行存款日记账、总账，要按规定作硬拷贝备份（打印输出）并存档。

二、数据恢复

将备份数据复制到硬盘上的指定目录下，使系统还原到原有状态或最近状态，就是数据恢复。备份技术本身不仅仅是拷贝数据，更为重要的是解决何时、何地，采用何种方式拷贝何种数据到何种设备上，以及如何恢复等问题。

使用全量备份方式，当事故发生时，只要用一份灾难发生前一次的数据备份就可以恢复丢失的数据。然而，由于每次都对系统进行完全备份，在备份数据中有大量重复的数据，如操作系统与应用程序。

使用增量备份方式，节省了存储空间，又缩短了备份时间。但当发生灾难时，恢复数据比较麻烦，必须首先找出上次的那盘完全备份磁带，进行系统恢复，然后再找出以后各次的增量备份介质，依此进行恢复。这种备份的可靠性也最差，各份备份介质间的数据关系一环套一环，任何一份备份介质出现问题，都会导致恢复失败。

使用差量备份方式时，避免了上述两种备份策略的缺陷，系统恢复时，只需要一份灾难发生前一次的全量数据备份，与灾难发生前一次的差量备份就可以将系统恢复。

拥有数据备份设备，仅仅为我们的数据保护工作提供了必要的物质基础，真正能够使之发挥效能的还在于完善的数据备份管理策略。备份的核心问题是对数据的管理，可管理性是备份中一个很重要的因素，因为可管理性与备份的可靠性紧密相关。如果一种技术不能提供自动化方案，那么它就不能算最好的备份技术。

数据备份系统是一个较为专业的领域，应选择售后服务能力强的备份设备供应商和专业服务商作为合作伙伴。专业知识和经验是设备供应商和专业服务商做好售后服务的重要保障。

值得关注的是，在对系统数据进行恢复之前，必须首先将会计应用系统中的数据进行备份，以保存最新数据，避免在数据恢复过程中，错把应用系统中的最新数据蜕变成备份介质上的旧数据。通常只允许少数经特定授权的系统维护人员才能使用数据恢复功能。

第六节　计算机系统与网络安全维护

影响计算机系统与网络安全的因素很多，有的来自系统内部，有的来自系统外部。本节主要论述来自外部的影响因素。来自系统外部的安全隐患，主要有计算机病毒和黑客的攻击。

一、计算机病毒的防治

所谓计算机病毒是指编制或者在计算机程序中插入的破坏计算机功能或者毁坏数据，影响计算机使用，并能自我复制的一组指令或者程序代码。

计算机病毒一般具有以下几个重要特点：

（一）计算机病毒是一个指令序列

计算机病毒是程序，但不是一个完整的程序，而是寄生在其他可执行的目标程序上。

（二）计算机病毒具有传染性

一个计算机病毒能够主动地将其自身的复制品或变种传染到其他对象上，这些对象可以是一个程序，也可以是系统中的某些部位，如系统的引导记录等。

（三）计算机病毒具有欺骗性

计算机病毒寄生在其他对象上，当加载被感染的对象时，病毒即侵入系统。计算机病毒是在非授权的情况下具有一定欺骗性而被加载的，此即"特洛伊木马"特征。

（四）计算机病毒具有危害性

计算机病毒的危害性又称破坏性，包括：破坏系统，删除、修改或泄露数据，占用系统资源，干扰系统正常运行等。此外，计算机病毒一般都比较精巧、隐蔽和顽固。计算机病毒侵入系统后一般并不立即发作，而是经过一段时间，满足一定条件后才发生作用，这就为其自我繁殖和破坏争取了时间。

目前，理论上并不存在一种能自动判别系统是否感染病毒的方法，以下是一些计算机病毒发作时的常见现象：

- 操作系统无法正常启动，数据丢失；
- 能正常运行的软件发生内存不足的错误；
- 通信和打印发生异常；
- 无意中要求对可移动存储器进行写入操作；
- 系统文件的时间、日期、大小发生变化，文件目录发生混乱；
- 系统文件或部分文档丢失或被破坏；
- 部分文档自动加密码；
- 磁盘空间迅速减小，运行速度明显变慢；
- 网络驱动器卷或共享目录无法正常调用；
- 屏幕出现一些不相干的信息；

- 自动发送电子函件；
- 使主板 BIOS 可实现软件升级的程序混乱，主板被破坏；
- 出现陌生人发来的电子函件；
- 网络瘫痪，无法提供正常的服务。

为了加强对计算机病毒的预防和治理，保护计算机信息系统安全，保障计算机的正常应用与发展，根据《中华人民共和国计算机信息系统安全保护条例》的规定，公安部制定了《计算机病毒防治管理办法》。在《计算机病毒防治管理办法》中指出，计算机信息系统的使用单位在计算机病毒防治工作中，应当履行下列职责：

- 建立本单位的计算机病毒防治管理制度；
- 采取计算机病毒安全技术防治措施；
- 对本单位计算机信息系统使用人员进行计算机病毒防治教育和培训；
- 及时检测、清除计算机信息系统中的计算机病毒，并备有检测、清除的记录；
- 使用具有计算机信息系统安全专用产品销售许可证的计算机病毒防治产品；
- 对因计算机病毒引起的计算机信息系统瘫痪、程序和数据严重破坏等重大事故及时向公安机关报告，并保护现场。

《计算机病毒防治管理办法》还指出：任何单位和个人在从计算机信息网络上下载程序、数据或者购置、维修、接入计算机设备时，应当进行计算机病毒检测。任何单位和个人销售、附赠的计算机病毒防治产品，应当具有计算机信息系统安全专用产品销售许可证，并贴有"销售许可"标记。从事计算机设备或者媒体生产、销售、出租、维修行业的单位和个人，应当对计算机设备或者媒体进行计算机病毒检测、清除工作，并备有检测、清除的记录。

计算机病毒对信息安全提出了巨大的挑战，特别是近年来，计算机病毒采用的技术越来越高明，并朝着更好地对抗反病毒软件，更好地隐蔽自身的方向不断发展。计算机病毒采用的新技术有对抗特征码技术、对抗覆盖法技术、对抗驻留式软件技术、对抗常规查毒技术和其他技术。为了对抗这些日益发展的新型病毒，反病毒软件也必须采用新的技术。目前较为实用的有特征码过滤技术、免疫技术、自身加密的开放式反病毒数据库技术和虚拟机技术等。

对于计算机病毒的防范,一是要在思想上重视、管理上到位,二是依靠防杀计算机病毒软件。必须通过建立合理的计算机病毒防范体系和制度,及时发现计算机病毒侵入,并采取有效手段阻止计算机病毒的传播和破坏,恢复受影响的计算机系统和数据。从加强系统管理着手,制定出切实可行的管理措施,如:

● 安装病毒检测软件,对计算机系统做实时监控和例行检查;

● 控制可移动存储器的流动,慎用不知底细的软件;

● 用户的权限和文件的读写属性要加以控制;

● 尽量不要直接在服务器上运行各类应用程序;

● 服务器必须在物理上绝对安全,不能有任何非法用户能够接触到该服务器;

● 在互联网接入口处安装防火墙式防杀计算机病毒产品;

● 安装数据保护设备,如硬盘保护卡和加密控制器,保证系统软件和重要数据不被未经授权地修改;

● 在外网单独设立一台服务器,安装服务器版的网络防杀计算机病毒软件,并对整个网络进行实时监控;

● 建立严格的规章制度和操作规范,定期检查各防范点的工作状态。

对于当前的病毒威胁而言,最好是采用主动病毒防护系统,为网络提供始终处于活动状态、可以实时升级的防病毒软件。当新的病毒出现时,该系统会立即对防病毒软件自动进行升级。

二、计算机网络安全维护

随着计算机互联网的发展,会计软件的运行环境也从单机系统发展到局域网和互联网。但无论是企业单位或政府部门,只要将计算机系统接入互联网,就会感受到来自网络安全方面的威胁,就有可能遭受到来自网络另一端的人为的恶意攻击。这些来自外部的攻击有可能使正常运行的系统遭受破坏;有可能窃取企业单位的机密数据;有可能仅仅是某些高手们的恶作剧。据统计,平均每数秒就会有一个网站遭到入侵。

系统防范与非法入侵是一对不断斗争的矛盾双方,目前还没有哪一个系统能够十分有把握地宣称可以杜绝入侵,就连大名鼎鼎的软件帝国微软公司的电脑系统,也在 2000 年 10 月被神秘的黑客攻破。随着电子商务热和大型网站被攻击而引起的安全热潮,人们把信息安全推向了计算机应用的前沿。

为了财务与会计信息系统的安全,并且使其能在电子商务活动中支持正常的经济业务和贸易,必须给企业网络系统构筑安全防线。为保证系统安全,需在网络系统安装适当的防火墙产品。

财务与会计信息系统的管理员应该在安全检测、网络安全监控、链路加密、网页恢复等方面进行系统维护工作。具体的工作可以在事故发生的事前、事中和事后三个阶段进行控制。

事前阶段可使用网络安全漏洞扫描技术,对网络进行预防性检查,及时发现问题,可以模拟黑客的进攻,对受检系统进行安全漏洞和隐患检测;事中阶段的目标是尽可能早地发现事故苗头,及时中止事态的发展,将事故的损失降低到最小;事后阶段要研究事故的起因,评估损失,追查责任,进行多层次、多方位、多手段的电子数据取证,以追查事故源头。

随着互联网的发展和应用的深入,黑客入侵事件变得越来越频繁,仅仅依靠传统的操作系统加固、防火墙隔离等静态安全防御技术已经远远无法满足现有网络安全的需要了。入侵检测系统(IDS)是近年来发展起来的动态安全防范技术,IDS 通过对计算机网络或系统中的若干关键点信息的收集与分析,从中发现是否有违反安全策略的行为和被攻击的迹象。这是一种集检测、记录、报警、响应于一体的动态安全技术,不仅能检测来自外部的入侵行为,而且同时也可监督内部用户的未授权活动。

第七节 财务与会计信息系统的二次开发

根据不断变化着的市场及企业内部管理的需求,企业亟须得到各种各样的、大量的、全方位的信息,特别是有关经济业务的信息,以对这些信息进行分析,为管理决策服务。财务与会计信息系统在其开发时,虽然考虑到保障系统尽量满足用户的需求,但针对用户的特殊要求,以及企业内部与外部的条件和环境的变化,往往需要对会计电算化软件进行二次开发。

若企业的会计软件是通过自行开发或委托开发而为本单位定制的系统，一般对其进行的二次开发最好由系统的原班开发人员来完成。但是在这种情况下，往往不易区分软件的维护工作与二次开发工作之间的界限。

对于商品化会计核算软件而言，为了方便用户的使用，提高会计核算软件的生命力，商品化会计核算软件在其推出之时，就十分重视最终用户对该产品二次开发的需求，并为此提供了若干二次开发的接口。由于商品化软件往往只提供可执行的二进制代码，因此对其数据处理部分进行二次开发比较困难。为了使软件的功能满足不断地发展和变化着的管理工作的需要，可以采取对软件产品的版本进行升级的方法来实现二次开发的目的。商品化会计核算软件主要提供了数据输入与数据输出两个方面的二次开发接口。

一、数据输入的二次开发

为了严格地执行会计核算制度，商品化会计核算软件的数据输入设计对操作的控制十分严格，其软件产品提供的输入界面与数据（记账凭证）输入的内部程序控制关系一般不允许用户自行修改。在商品化会计核算软件中，为了接收系统外部数据的输入，例如接收来自材料核算子系统、固定资产核算子系统、成本核算子系统、工资核算子系统、产品及销售子系统转入的机制凭证，以及数据的远程录入，软件产品中一般是提供一种标准数据结构的缓冲区来存放这些外来数据。对于以上这些从外部输入的数据，首先将其一律预先存储在这个标准数据结构缓冲区中；然后经过该系统原设计的数据输入通道再将缓冲区中的数据向账务处理系统导入。商品化会计核算软件就是应用这种标准结构方式，接收会计核算数据的脱机输入；支持记账凭证数据的多点采集；接收财务与会计信息系统中各功能核算子系统中产生并传送过来的机制记账凭证。

对于为满足系统的需要，经二次开发形成的新的功能子系统或子模块而言，其数据向会计核算账务处理系统的导入，也可利用这一特性。

二、数据输出的二次开发

财务与会计信息系统全面、完整地记录了会计核算数据，而如何用好这些数据，提高信息的利用率，是信息系统不断追求的目标。商品化会计核算软件为了方便用户，预先提供了一些样表，如资产负债表、损益表、现金流量表，以满足对标准会计报表的编制与输出。出于数据输出二次开发的需要，还要求许多不同格式的输出表格形式，以直接对会计核算系统中的数据进行分析。对于各种不同的数据需求方式，可以通过会计核算软件的自定义报表功能、数据导出功能、系统数据的直接访问等方式，来得到二次开发所需要的数据。

（一）自定义报表

商品化会计核算软件一般都提供用户自定义报表的功能，其工作原理类似于 Excel 等电子表格的形式。为了进行特殊的数据分析与输出需要的报表格式，用户可以通过对报表格式、报表项目、取数公式进行自定义，自行设计新的报表格式。商品化会计软件系统也相应地提供一系列针对会计核算与分析应用的标准函数或子程序，以便于用户在构建取数公式时调用。

（二）数据导出

通常对于各种计算机应用程序而言，都提供了一个数据导出功能，此功能一般安置在该软件主菜单"文件"项目中的"另存为..."中实现。在商品化会计核算软件中一般也提供"数据导出功能"。在 Windows 操作系统环境下运行时，会计软件产品一般都采用 ODBC 数据协议提供数据导出功能，这样，可以方便地将会计系统中的内部数据格式导出，并转换为 Excel 电子表、FoxPro 数据库、Access 数据库、LOTUS1-2-3、HTML、纯文本节件等数据格式。数据导出方式，一方面具有操作简便、有效，输出的各种数据格式符合标准等优点，而另一方面也存在以下不足：使用数据导出时，首先，要求用户开启商品化会计核算软件并进行交互式操作，人工进行干预；其次，在数据导出时，操作人员指定并键入的数据输出文件名要符合要求，否则会影响到后续数据处理软件的正常运行；最后，数据导出方式不利于通过程序控制、自动执行来完成二次开发所要求的数据处理功能。

（三）直接数据访问

只要知道系统数据的存储格式，就可以直接对商品化会计核算软件系统中的数据库直接进行访问和提取数据。为了保证会计系统数据的完整性，采用对数据直接访问的方式，应严格避免对原系统数据的修改、删除等操作，仅保留数据操作的读取权。

为了使会计人员不仅会使用会计软件，而且会对会计软件进行维护，会综合利用会计核算软件系统的已有数据进行财务分析，会在会计软件的基础上进行二次开发，许多商品化会计核算软件产品在会计软件的产品技术手册中，对最终用户公布了会计核算软件的数据处理流程、主要功能程序的模块结构、数据存储结构等技术资料，以便于人们对财务与会计信息系统进行更高水平的应用。

第八章　财务管理信息化理论

第一节　企业财务会计信息化问题

在市场环境日益复杂的背景下，企业财务管理迎来了新的挑战，越来越受到企业与员工的关注与重视，针对这种情况，本节认为应该将会计信息化应用到企业财务管理之中，全面提升企业竞争优势，推动企业财务发展。因此有必要深入探讨企业财务会计信息化问题。

信息技术的快速发展在很大程度上推动了企业财务管理方式的转变，将信息技术应用于企业财务管理是现代化企业财务发展的必然趋势，在转变企业财务管理方式的同时引导企业会计朝着信息化方法学发展。本节主要就企业财务会计信息化问题进行分析与探讨，希望对企业财务发展有所帮助。

一、会计信息化的相关概述

简单来说，会计信息化就是以财务管理与信息技术相结合的方式提升工作质量及企业竞争优势。会计信息化发展具有一定的要求，即在进行会计工作创新与改革的同时结合实际情况重新构建传统会计模型，以此实现提高会计工作影响力与吸引力、促进信息技术和企业会计融合发展的目的。在会计信息化全过程中渗透计算机技术是现代企业财务工作发展的重要需要，对企业财务进步及其工作效率的提升具有促进作用。为了进一步发挥高科技优势，促进会计方式创新，提升企业财务与社会发展需求的适应性，需要在重视会计信息化作用的同时将其贯彻落实到企业财务全过程。

二、提升企业财务会计信息化的有效策略

（一）树立与时俱进的管理理念

企业财务会计信息化的实施需要与时俱进管理理念的支撑，落实到实际中去，一要引导财务人员树立与时俱进的管理理念，正确认识到会计信息化的重要性及财务管理工作创新的必要性，从而主动摒弃相对落后的传统观念；二要引导财务部门树立符合现实需求的管理理念，以财务管理创新理念带动企业其他部门理念更新，从而为财务会计信息化的顺利实施提供保证；三要引导财务人员形成一定的风险管理意识与观念，做好财务风险防范工作，避免会计信息化发展受到不必要的影响。

（二）做好内部审计工作

在会计信息化背景下，内部审计对企业财务发挥的影响越来越显著，面对这种形势，企业应主动做好内部审计工作，不断优化与完善审计制度，提升审计监管作用与审计综合能力，同时企业还应将会计信息体系与审计体系相结合，发挥二者结合作用。另外，在进行内部审计体制构建的过程中，需要综合考虑审计部门特征与性质等因素，强化各部门监控，及时发现问题并进行解决，从而全方位提升风险管理效率与质量。

（三）重视企业财务风险管理

企业财务会计信息化的快速发展在带来诸多机遇的同时也带来了一些其他问题，其中财务风险是最为显著的问题，具体来说就是企业财务会计信息化在一定程度上转变了会计信息氛围与环境，会计信息分析与解决朝着信息平台发展，若计算机系统与其不相适应，出现瘫痪的现象，则会给企业造成极大的损失。针对这种情况，本节认为企业应提高对财务风险管理的重视，在实践中不断探索与总结风险防范体制优化策略，做好计算机监督控制工作，在降低财务风险的同时保证会计信息化稳定发展。

（四）进行企业内部控制制度优化

企业需要依据市场发展趋势制定与企业实际发展状况相符的内部监督管理体制，并将之贯彻落实到全过程，企业内部监督管理体制与财务活动有着密切相连的关系，需要提升财务活动过程的透明度与经济活动的安全程度；另外还需制定符合企业发展需求的预算制度，在分析综合方案预算的基础上全方位记载企业相关部门实际支出状况，保证经济活动的全面贯彻落实，为了取得更为理想的效果，促进企业财务会计信息化的有效实施，还需结合实际不断优化与创新，最大程度地提升财务预算适应性，在这一期间若发生问题则应第一时间进行解决，避免预算作用弱化。

（五）发挥财务管理队伍积极作用

会计信息化在企业财务中的应用是一项相对复杂的工作，具有长期性与系统性，涉及多方面内容，在具体应用过程中不可避免地会发生一些问题，这就需要高素质高技能的财务管理队伍进行问题处理，保证相关工作能够有序进行。一方面，企业需要定期安排现有财务人员参与学习和培训，在开阔视野、拓展各方面知识的基础上提升综合能力与素质，使之熟练掌握会计信息化特征及应用能力，同时也需定期组织财务核算软件培训，提高财务人员对财务核算软件的认识与了解，能够灵活应用进行数据分析与处理，全面增强信息化水平；另一方面，企业需要制定符合现实需求的薪资待遇，一来激发财务人员工作积极性与主动性，二来提升企业财务影响力，积极引进更多专业人才，不断壮大财务人员队伍，提升财务人员队伍整体素质，为企业财务会计信息化的实现铺垫坚实的人才基础。

总而言之，企业财务会计信息化的实施是优化财务工作、提升财务数据准确性的有效渠道，有利于激发员工工作热情与提高企业财务工作质量。要关注的是，会计信息化在为企业财务工作提供机遇的同时也带来了一定的挑战，因此企业在应用会计信息化时应综合考虑多方面因素，不断探索与总结会计信息化应用方法，全面发挥会计信息化作用。

第二节　会计信息化与企业财务管理

随着网络通信技术和计算机技术的快速发展，传统的财务管理模式已无法满足企业发展的实际需求。在现阶段的企业财务管理工作开展过程中，要求相应的企业能够结合时代发展特征，不断优化创新企业管理模式。通过会计信息化的方式，将企业的财务管理工作与会计结算进行有效融合，以加快企业财务管理的改革和转型工作。文章就会计信息化与企业财务管理中存在的问题，如何实现企业财务信息化管理，进行了研究讨论并提出相应的工作建议，以供参考。

在现代企业管理工作开展的过程当中，则要逐步加强企业财务信息管理工作，为企业的日常运营和发展提供基本保障。通过大量的调查发现，有部分企业已经意识到应用信息技术的重要性，在企业财务管理工作开展的过程当中选用了部分管理软件，企业财务管理初步进入了会计信息化的模式。在传统会计模式下的企业财务管理工作，常常会受到主观因素及客观因素等多方面因素的影响，提高了企业财务管理的难度。在实际的发展过程中，则要求企业能够清晰认识到会计信息化与企业财务管理之间的联系，科学合理地利用会计信息化技术，为企业的正常运营和发展提供决策性的建议。

一、企业财务信息管理中存在的问题

（一）缺乏正确认识

随着科学技术的不断发展，在现阶段的企业财务管理工作开展的过程当中，则要求企业能够结合时代发展特征，不断更新企业管理理念，优化企业内部结构，加强企业内部审计工作，全面加强企业内部调整工作，以适应社会发展，增强企业的核心竞争力。而在企业财务管理工作开展的过程当中，由于部分领导人对于企业财务信息化管理存在偏见，认为应用互联网加强企业财务信息管理工作，在一定程度上增加了信息泄露的风险，难以保障数据的完整性，很有可能出现无法挽回的损失。究其原因，则是因为会计信息化的发展有待进一步完善和推广。

在部分企业生产经营活动开展的过程当中，企业的管理人员更加注重短期的效益，安于现状，缺乏一定的挑战意识和时代精神，把企业生产经营的核心放在了稳定经营上，没有意识到时代对于企业提出的新要求，缺乏企业规划，没有正确认识到财务信息化管理的必要性。由于企业管理人员对于企业财务管理信息化建设缺乏正确的认识，在一定程度上增加了企业财务信息化管理的难度，难以达到企业发展的实际需求。

（二）软件性能落后

在企业财务信息化管理工作开展的过程当中，首先要具备相应的硬件设施和软件设施，以此为企业财务信息化管理工作提供基本保障。但通过大量的调查发现，在部分企业生产经营活动开展的过程当中，由于其相应的财务信息化管理软件的性能较落后，难以结合时代发展特征不断优化更新系统，难以达到企业生产经营活动开展的需求，增加了企业财务信息化管理的难度。更深层次的原因，则是因为在大部分企业生产经营活动开展的过程当中，并不具备自主开发信息化软件的能力，缺乏专业的人才和过硬的技术。因而在企业财务信息化管理工作开展的过程当中，只能从大型企业购置相应的管理软件，进而造成企业财务管理软件与其自身的发展情况存在一定差异，难以为企业正常的生产经营活动提供有效的辅助参考，达不到企业财务信息化管理的要求。而国内专门制作财务软件的机构，在软件开发的过程当中，受到经验、资金、技术等多方面客观因素的限制，做出来的财务管理软件达不到企业财务管理的要求。

（三）会计流程不足

相对于传统的会计管理工作来说，会计信息化主要是通过汇总的方式来储存企业的数据和相关的信息。在企业财务管理的应用过程中，无法准确全面地反映企业的经济业务本身面貌，对于企业来说，在一定程度上增加了其管理难度，同时还增加了潜在的安全隐患。在企业财务管理中所应用的会计信息化系统，仍旧存在反馈信息与业务情况不符的现象，还存在信息滞后等问题，无法保障会计管理的质量。而在企业财务管理工作开展的过程当中，企业无法借助会计信息化所提供的数据信息，结合企业自身的经营情况以及生产活动情况来加强企业内部结构的调整工作。

在企业财务信息化管理工作开展的过程当中，由于现有的会计流程存在缺陷，难以为企业的生产经营活动提供相应的数据信息作为支撑，而会计信息的优势也难以发挥和体现。现阶段大部分企业对于会计财务流程的设定过于敷衍，难以达到企业财务管理信息化的需求。当发生经济业务之后，主要是由相应的部门和相关人员来进行记账和单据整理，缺乏系统的监督检查机制，常因为人为操作失误或漏洞，导致信息录入错误。

二、会计信息化对企业财务管理造成的影响

（一）会计功能的影响

在企业财务管理工作开展的过程当中，会计信息化相对于传统的管理模式，能够不断优化企业财务管理体系，分别从会计信息的生成方式、传输方式以及会计目标三个方面影响会计功能，进而为企业财务管理工作提供有效的保障，不断优化创新企业财务管理的模式，使得其能够适应时代发展需求，增强企业自身的竞争力。相对于传统的人工生成信息来说，会计信息化能够有效减轻会计人员的工作量，提高会计人员的工作效率，而借助现代化的信息系统，以有效提高会计信息生成的效率，同时能够有效提高信息生成的准确率。

在传统的会计信息传输过程中，以纸质传输为主，传输的速度相对较慢，效率低下。而会计信息化能够有效提高会计信息传输的速度，在保障会计信息传输准确性的同时，以提高其传输的效率。加强企业财务管理的主要目的是为企业的经营发展，财务状况制定科学合理的财务方案，逐步加快企业生产经营活动。会计信息化能够帮助企业明确其财务管理的目标，通过会计报表，让企业的决策者能够准确地认识企业自身的情况，明确其生产经营活动当中存在的不足，加快企业的改革转型，推动企业经济发展。

（二）会计人员的影响

随着信息技术的不断发展，企业财务管理工作已经发生了翻天覆地的变化，对于企业的会计人员提出了更高的要求。在现阶段的企业财务管理工作开展的过程当中，则要求相应的会计人员能够熟练应用计算机，并能够熟练掌握计算

机的各种操作。同时，还要求会计人员能够有一定的职业道德素质。在工作的过程中，能够积极承担起相应的责任，坚守岗位职责，保障会计信息的安全。

事实上，对于会计人员来说，在会计信息化的时代背景下，要积极学习先进的技术和技能，不断提高自身的综合素质，在拥有传统会计技能的同时，熟练掌握信息化技术。在工作的过程当中，能够熟练运用信息化技术全面加强企业财务管理工作。在实际的工作过程当中，还要求相应的会计人员能够借助信息技术，全面加强企业财务的运行监管工作，以此保障企业能够正常生产经营，以促进企业发展。这就要求相应的会计人员能够充分利用网络和信息技术，突破传统手工会计的局限性。通过企业内部网、外部网及互联网直接收取相应的数据信息，实现会计业务一体化的处理工作，全面增强企业财务核算和动态核算工作，为企业的正常生产经营活动提供有效保障。

（三）内部审计的影响

加强企业内部审计工作，能够全面加强企业内部的监督管理工作，提高企业财务管理的质量。要想做好企业内部审计工作，首先要保障其收集到的相应的数据信息能够更加全面科学可靠。在企业生产经营活动开展的过程当中，加强企业内部审计控制工作能够结合企业的生产经营活动，提高企业财务管理绩效。相对于传统的企业财务管理工作来说，会计信息化能够充分利用计算机和互联网等现代信息技术的优势，全面加强企业的财务管理工作，不断完善企业财务管理体系。而更加准确地记账、算账、报账等工作能够有效减少人为失误，全面加强企业财务管理工作。

企业内部的审计工作相对较繁琐，对相应的审计人员要求较高，除了掌握基本的审计专业知识之外，还要求相应的审计人员能够掌握系统软件的测试能力，全面加强会计软件的控制工作，以此提高企业内部审计工作的质量。而借助会计信息化能够充分利用互联网的优势，保障企业各种财务资料和会计信息的完整性和可靠性，以有效提高企业内部审计工作的效率和质量，有效避免信息失真的现象发生，降低企业内部审计工作的难度。

三、企业财务管理的改进策略

（一）转变管理理念，加强人才建设

在会计信息化的时代背景下，为了有效提高企业财务管理工作的质量，在企业的生产经营活动开展过程当中，则要求企业能够充分意识到会计信息化为其财务管理工作带来的优势，有效转变其财务管理观念，树立正确的信息化财务管理意识。为了实现企业财务信息化管理工作，则要求企业能够树立强烈的信息化意识，在实际的工作过程中，能够借助会计信息化的优势，不断优化创新企业财务管理的方式方法，在加强企业财务管理改革的同时，能够清晰地认识到，提升企业员工财务管理会计信息化意识的重要性，通过定期的培训和交流，不断提高企业财务管理人员的思想认识。

在工作的过程中，能够积极学习先进的会计信息技术，以加快企业财务管理会计信息化的发展进程。根据调查结果显示，我国有将近60%的企业认为在企业财务管理信息化建设过程当中，企业财务管理信息化建设难以高效发展的原因是因为缺乏相应的技术人员。这就要求企业能够全面强化相关人员的培训工作，通过有效的培训，不断提高其工作人员的技能和综合素质，为企业财务管理信息化建设提供人才保障。同时，在企业财务管理工作开展的过程当中，还需要结合企业的自身发展情况，不断优化企业自身的会计队伍建设，从企业发展的全局出发，打造一个会计信息化的环境，提高企业财务管理的质量。

（二）优化企业结构，建立控制制度

在企业财务管理信息化建设的过程中，需要企业能够充分认识到其发展过程当中存在的不足和缺陷，进而能够结合时代发展特征，借助会计信息化的时代背景，不断优化企业自身的发展结构，积极调整企业的内部结构，并建立相应的企业财务管理内部控制制度，以此保障企业财务管理信息化工作能够高效地进行。这就要求企业能够在会计信息化的形势下，全面做好企业内部控制工作，不断完善企业内部控制的制度，为企业财务信息化管理提供基本保障。事实上，企业财务管理的流程在一定程度上也会影响企业财务管理的质量和效果。这就要求企业在生产经营活动开展的过程当中，能够深入落实财务管理工作，并将财务管理作为核心，建立相应的业务流程。

同时，还要综合考虑到企业财务管理的现状，以及财务管理的目标，科学合理地制定企业财务管理规定和标准。在实际的工作过程中，还要求企业能够充分考虑到企业生产经营活动的需求，进一步完善企业内部管理制度，增强其管理制度的可行性和可操作性，不断优化企业内部的机构，借助有效的惩奖制度，全面加强企业内部人员管理工作，以此实现资源的合理配置。

（三）创新管理模式，加强风险预防

在企业财务信息化管理工作开展的过程当中，其管理的模式在一定程度上也会影响企业财务信息化管理的效果。这就要求企业能够充分意识到会计信息化对于企业财务管理工作的重要性，在实际的财务管理工作中能够建立相应的会计信息系统，全面加强会计信息和数据的收集处理工作，为企业的正常生产经营活动提供有效保障。在实际的工作环节中，则要求相应的工作人员能够科学合理地设计会计信息化系统，保障会计信息化系统的安全性和稳定性，有效避免因信息泄露以及数据错误等多种情况造成会计信息泄露的现象发生。倘若会计信息系统出现了漏洞或异常情况，很容易引发数据泄露或遗失等问题，在一定程度上增加了企业财务管理的风险，难以保障企业的财务安全。

因而在现阶段的企业财务管理工作开展的过程当中，则要求相应的工作人员能够结合时代发展特征，不断优化创新其管理模式，且能够不断完善企业财务管理的模式，加强风险预警。在工作的过程当中，则要求其相应的会计人员和审计人员能够积极承担起相应的责任和义务，在数据收集和处理的过程中，需要仔细严谨，且具有一定的风险防范意识和应急能力，当风险发生时能够第一时间处理，有效防止事件进一步恶化。同时，在实际的工作过程当中，还要求相应的工作人员能够定期地检查和监控会计信息系统，定期维护会计信息系统的硬件设备，以保障会计信息系统能够高效稳定地运行，以有效消除潜在的安全隐患，增强会计信息系统的安全性和稳定性，提高企业财务管理的质量。

（四）完善会计软件，构建管理体系

在会计信息化的形势下，为了加强企业财务管理工作，则要求企业能够不断完善会计软件，且能够结合企业的实际发展状况，构建相应的信息化管理体系，让企业财务管理工作能够更加适应时代发展需求。因而在企业财务管理工

作开展的过程当中，则应从技术层面着手，不断优化和完善企业财务管理的技术，以满足企业财务信息化管理的各方面需求。

在现阶段的企业财务管理工作开展的过程当中，则要求企业能够引进大量的专业人才。在加强企业财务管理的同时，能够结合时代发展特征不断提高其相关人员的计算机技术，使其能够自主开发企业财务管理软件。这就要求企业在引进先进的财务软件的同时，能够加强与财务软件研发企业的联系，以此构建企业的专属财务管理软件，保障企业财务管理工作能够高效地开展，最大限度地促进企业财务管理会计信息化发展。这就要求企业的相关人员能够结合软件的使用性能，以不断优化企业财务管理体系，将企业的经营工作流程与互联网相联系，实现企业财务管理的自动化操作，全面加强企业财务信息的收集和处理工作，以此实现企业财务管理的目标，为企业的经营发展提供科学的数据信息，使得企业的财务管理工作能够更加全面高效地进行。

总之，随着科学技术的不断发展，对企业财务管理工作提出了更高的要求。在实际的工作环节中，借助信息技术，能够在传统的企业财务管理基础上，全面加强数据信息的收集与处理工作，为企业的经营发展提供科学的理论依据和保障。这就要求相应的企业能够充分意识到会计信息化对于企业财务管理工作带来的积极影响，加快企业财务管理体系的升级和创新工作，科学合理地应用信息技术，加快企业财务管理的改革和转型。在提高企业财务管理质量的同时，以促进企业的发展。

第三节　会计信息化下的财务会计流程优化

现阶段，我国社会经济呈现着迅猛发展的趋势，给各个行业都带来了很大的挑战。对于企业发展来讲，财务会计起着核心的影响作用，对企业各项工作的顺利展开，都有着非常大的帮助。随着互联网信息技术的发展，传统的财务会计工作流程以及内容，已经无法满足企业在现代社会市场中的发展经营需求。企业想要获得更大的经济效益，提高自身的管理效果，就必须要结合信息化时代的发展需求，对传统的财务会计流程进行优化和改进，从而才能够使其走上可持续发展的道路。本节中对财务会计流程进行了基本介绍，并且分析了传统财务会计流程中存在的问题，从而基于会计信息化环境下对财务会计流程的优化策略展开研究。

一直以来，财务会计都是企业经营管理的重要依据。我国的财务会计在当下社会时代中，呈现着飞速的发展趋势。信息时代的来临，使得企业想要获得更高的经济效益，就必须要结合各种新型的技术，对传统的财务会计流程进行优化。众所周知，对于任何企业来讲，财务会计都决定着企业的经济效益，作为一项系统性较强的工作，在展开财务会计的过程中，务必要保证各项数据信息的真实性，及时性以及准确性和完整性。社会的高速发展下，使得财务会计工作也朝着信息化的方向发展。因此，必须要对会计信息化下财务会计流程的优化展开研究，才能够为企业的发展提供保障。

一、财务会计流程的基本认识

任何企业的发展和经营，都离不开财务会计工作。我国企业行业组成的丰富性，使得财务会计的流程也与企业自身的经营方向有着一定的关联。在各个不同的企业当中，财务会计的流程存在着一定的差异。企业在经营管理的过程中，主要包含三大流程，即为业务流程，财务会计流程，以及管理流程。这三者之间密切联系，互相影响和约束。财务会计作为企业展开管理的重要依据，在企业的整体发展过程中占据着一定的核心地位，对企业的经济效益有着非常重要的影响。作为企业的核心部门，财务会计通过对业务流程所产生的各项数据信息内容进行收集和加工处理，从而将这些信息提供给管理部门，为企业的生产经营管理提供可靠的依据。由此可见，企业当中，财务会计是有效地连接企业业务流程和管理流程之间的重要依据。

财务会计的具体流程为：根据企业的日常生产经营活动过程当中所发生的各项业务和费用往来，以这些原始凭证为依据填写会计凭证，并将这些进行分类编制成会计账簿生成会计报表。在财务会计的基础上，企业能够及时地了解每个阶段的经营发展状况，从而为企业优化各项工作提供可靠的保障，推动企业的可持续发展。

二、我国传统财务会计流程当中存在的问题分析

（一）各个会计流程阶段之间缺乏有效的联系

我国的财务会计流程自发展以来，从最初的手工记账，逐渐转化为半手工记账的方式。在此发展的过程中，相关的会计人员们都按照严格的记账顺序，来完成企业的账务资料。这种传统的财务会计流程，看似为企业提高了工作效率，但是，各个会计账务处理环节都单独存在，无法有效地使各个会计流程阶段之间的联系更加密切，并不能够为人们及时提供相同的会计信息资料，这样一来，便阻碍了我国财务会计的更好发展。

（二）无法更加准确地体现出企业的经营管理状况

根据调查研究发现，在我国的传统财务会计流程当中，虽然可以为企业相关业务的展开提供有关的账务信息内容，但是，由于所提供的信息内容比较局限，使得企业自身无法有效地借助这部分信息内容，来实现对企业自身经营发展状况的预测和管理，对企业自身的发展造成了影响。另外，由于传统财务会计工作所包含的信息内容不够完善，从而不能为企业的经营管理状况提供可靠的信息依据。

（三）财务会计相关数据信息无法及时更新

财务人员们在展开财务会计的各项流程过程当中，主要是根据不同业务的发生，来进行相关的账务信息登记和核算管理。由于这些业务之间彼此分离，企业一般要对整个会计期间的财务数据信息进行收集整理，只有等到该会计期间的业务发生之后，才能够获得完整的数据内容。但是，财务会计对及时性的要求较高，这种传统的财务会计核算管理方式，无法及时有效地对数据信息进行更新，为企业在后期所提供的数据信息，已经失去了原有的实效性，使得信息的滞后性比较强。这样一来，企业想要实时地获取自身的发展经营状况，也受到了传统财务会计计算流程的严重影响。在这种情况下，倘若企业进行各种决策管理使用了这些财务数据信息，有可能会给企业的决策会导致严重的误导，从而带来各种无法预测的巨大的经济损失。

（四）财务会计信息之间联系不足

由于传统财务会计中的各项会计业务核算，都是单独存在并且单独完成的，使得这些会计核算信息之间的关联性并不强。在这种财务会计核算工作下，并不能够明显地反映出业务信息之间存在的有效联系，信息的传递失去了一定的价值，无法为企业的发展提供可靠的依据。

三、基于会计信息化下财务会计流程的优化策略探讨

现代社会发展下，社会经济主体之间的竞争力十分激烈，财务会计作为企业发展的重要依据，想要提高企业自身的竞争力，给企业带来更大的经济效益，就应当提高财务会计的工作效率，使其能够发挥自身价值为企业提供更加高效的信息内容。信息化技术的发展，对财务会计提出了更高的要求，只有结合信息化技术，对其进行有效的运用，优化财务会计的流程，从而才能够实现企业的更好发展。

（一）制定财务数据统一标准，促进彼此之间的有效关联

在现代社会当中，信息技术发展的广泛应用，能够为人们在各个方面提供一定的便利。对于企业的财务会计工作来讲，财务会计工作当中所包含的内容十分复杂，人们想要更好地实现财务会计工作的信息化管理，就应当结合信息技术，为财务数据制定统一的数据标准，使财务会计的各个流程以及数据核算之间的联系更加密切。在该环节中，务必要保证所输入的数据信息内容的真实性和有效性，在一定的标准基础上，实现对财务数据的科学性和规范性管理。同时，还必须要确保财务会计在输出各种凭证以及账簿、账表信息的准确性与科学性，更好地借助信息化技术来为企业的各个经营管理部门实现数据信息共享，使得财务数据信息的使用范围更加广泛，使用效率更高。除此之外，也更好地为各项财务数据资料的保存提供保障。

（二）对财务会计核算流程进行简化

传统的财务会计核算流程比较复杂，各种核算项目都必须要在人工操作下才能够完成。这种复杂的核算流程，同时也加大了数据存在核算失误的现象。在信息技术的支持下，可以借助信息技术功能将财务会计以及相关业务之间进行有效的联系，使得财务会计能够直接性地获得企业业务发生所产生的数据信

息。这样一来，不仅节省了人工成本，提高了企业财务会计核算的工作效率，而且也更加能够减少和避免人为所产生的各项误差，有效地保证了企业财务会计各项数据信息的准确性。当企业在生产经营活动过程中发生业务的时候，业务部门经过确认和核对之后，确保数据信息无误，便可以将其上传在数据库当中，为企业的财务管理部门提供准确及时高效的数据信息，在财务软件的基础上，对这些数据信息进行专业的处理，从而生成相应的财务账表。该流程十分简单，极大地缩短了企业处理财务会计工作的各项成本，为企业在现代社会中的更好发展创造了一定的经济效益。

（三）促进企业各项信息之间的密切联系，提高实时控制策略

传统的财务会计工作中，各项数据信息之间的联系不足，使得企业无法更好地控制和管理自身的经营决策发展。因此，在会计信息化环境下，要确保各项数据信息之间的关联，最初对数据信息进行录入的时候，要设定好数据之间的逻辑关系，相关的财务工作人员，要对这些数据信息进行有效的控制。财务会计工作中，会计人员不仅要对这些数据信息进行处理和核算，而且同时要掌握这些数据信息的来源，以及企业自身在经营活动过程中的发展状况。当企业中发生各种经济业务的时候，对于经济业务发生的准确性，财务会计人员可以凭借自身的经验以及专业技能，对该经济业务进行有效的判断。在此基础上，便能够为企业的可持续发展来提供更加准确的决策依据，为企业的更好发展带来安全可靠的保障。

（四）提高对财务管理软件的应用效率

随着互联网科学技术的发展以及广泛的应用，在信息技术的支持下，人们加大了对各种技术的研究力度，为各个行业都带来了非常大的便利。财务管理软件在信息技术的发展下，也得到了很大的改善和提升。企业应当提高对各种财务管理软件的应用效率，有效地借助这些财务软件，实施对企业各项经营活动，以及业务发生的判断和控制，避免各种财务风险的出现。比如，对企业中存在的各项往来账款账务信息，可以设定功能提醒，设定明确的责任人，对这些应收应付款项进行统计，提高企业的账务处理效率，减少各项坏账损失的状况发生。

综上所述，财务会计对于企业自身的经营管理有着至关重要的影响，作为企业发展的核心工作，财务会计的工作流程，对其工作效率和工作质量，有着

一定的决定性。在我国传统的财务会计流程下，企业无法对经营管理全过程的各项数据信息进行有效的掌握，而且，随着现代社会的发展，企业想要提高自身的影响力，就要结合新时代和新科技，对财务会计流程进行优化。在会计信息化环境下，企业的财务会计流程得到了有效的简化，可以为企业展开成各项业务的管理做好全面的准备，同时也为企业制定决策提供了准确的数据依据。

第四节　财务会计管理会计信息化融合

随着科技进步、信息化方式的更新迭代以及大数据治理理念的提出，企业的经营管理活动呈现出了更多的形式及方法，以往限于数据精度、深度、难度的问题得到了有效的解决，人们逐渐从繁琐的基础工作领域解放，开始有了更多时间、工具去思考数据背后的"真相"并加以利用。财务信息管理是企业的经营管理非常关键的一部分，企业财务信息管理的好坏对企业最基本的经营管理效果的好坏影响深远。以往的财务会计的工作主要是以核算为主，但是这种模式已经不能适应现在企业发展的需求。因此必须对传统的财务会计信息工作进行管理与创新改革。相比较于传统的财务会计管理工作，管理会计是一种从企业战略发展的层面对企业财务信息处理进行深度处理、分析、应对的能为企业经营管理和战略发展提供更多决策依据的一种财务途径。

一、企业中管理和财务会计的差异以及联系

（一）管理和财务会计之间的差异

管理和财务会计之间存在较大差异，具体表现在以下几个方面：一是作用上的差异。后者是对企业生产经营状况进行核算并以可计量的形式进行反馈，而后者是在前者的基础上进行加工、提炼、分析实现财务信息的深度利用。两者之间的职能差异，在一定程度上导致了作用的差异。二是原则上的区别。前者是企业内部管控，其管理更多的是基于企业内部要求以及制度规范；而后者需要严格遵循国家要求。三是方法上的区别。前者无固定模式，企业的生产经营活动在运行的过程中具有较高的灵活性；后者具有严格的运行过程，不可随

意变动。四是对工作人员的素质要求，前者对工作人员的要求更高，要求工作人员对企业内外部环境有一定程度的认知，并且具有知识之间较强的分析联系能力；后者着重于制度、规范的熟悉程度。

（二）管理和财务会计之间的联系

从第一点中我们得知两者之间具有较大的差异，并且有着独立的工作职能。但是两者之间也存在密切的联系，互相联系不可分割，在功能上，两者的根本目的都在于提升企业的经济效益，功能上的联系主要表现在此；在核算对象上，两者大体上都是以企业运营过程中产生的收支结算为主要的对象进行核算，管理会计侧重于在收支的基础上进行管控；财务管理是在收支的基础上计算企业的盈利和亏损；在信息来源上，两者都需要对企业日常经营管理过程中的初始信息进行处理运算。

二、财务会计和管理会计融合的重要性

财务会计与管理会计的融合有助于企业内部长久稳定发展。企业单纯依靠财务会计所反馈的情况无法准确反馈出真实的运营情况，如果不能利用管理会计来正确科学分析公司的财务会计，那么企业在通往持续发展的路上则缺少导向标。二者融合，不但可以清晰地反馈出企业发展方向，而且能够开拓财务会计与管理会计人员的眼界，进而给公司财务工作营造出良好的氛围，培养出会计人员全面发展的理念，给企业制定出准确的发展方向，进一步提高企业内部管理效率。财务会计与管理会计的融合还可以有效的分析公司产品的具体盈亏情况，经过分析盈利情况，对公司产品市场分布结构、生产工艺流程进行优化，全面推进公司财务可持续发展，提高企业的核心竞争力。

三、财务会计与管理会计融合的基础

（一）树立融合意识，细化基础工作

一是企业管理者要提高对会计融合的重视程度，提高管理会计在企业决策中的作用，使得企业管理层面的信息得以有效利用，从而有效实现其调控目标。二是基础数据的收集工作有待加强，采用科学有效的方法，做好基础数据收集

的工作。基础数据的收集工作的完善，为两者的融合提供了强有力的支撑。三是会计基础工作有待强化，企业需要优化财务资料的整合，从而为两者的融合提供基础。四是信息技术的合理利用，科技水平的提高，使得在会计行业的工作过程中，信息技术发挥了巨大的作用。借助数据管理系统，利用信息技术对企业信息进行归档整理，使两者能够协调有效合作。

（二）建立完善的会计制度

企业要根据公司的实际发展情况，建立完善的会计制度。传统的财务管理模式更突出核算职能，这已经不能顺应企业管理升级的需要。企业要逐步转变财务管理的职能，从重核算逐渐转变为重管理、重分析、管业务，逐步建立业务内嵌财务的管理制度与流程，利用财务会计与管理会计的融合实现对企业财务的良好管理目标，服务企业发展战略。

（三）加强会计人才的培养

第一，培养复合型人才，管理会计不仅要具备非常娴熟的业务能力，还需要具有较强的管理能力。第二，加强与高等院校之间的联系，从市场以及企业的需要来优化会计专业的教学内容，为企业输送更多应用型的人才。第三，企业内部培训当中，要充分掌握工作人员的知识与技能水平，针对性地展开培训，增强培训工作应用效果。第四，重视对会计人员的专业培训及综合素质，提高会计人员的职业道德素养，避免出现泄漏信息等现象。

（四）加强信息技术应用

信息技术的快速发展给财务会计与管理会计的融合带来了有利的条件，大大提高了企业财务管理的工作效率，还把财务会计与管理会计的数据与信息共享提升到更高的层次上。企业建立起信息目录来快速处理以及分解各种信息，设计出数据库以及管理系统模块，尽快整合财务会计与管理会计融合的信息系统资源，直接与企业资源规划系统对接，有利于企业各部门及时获得财务状况以及业绩。企业要加强对计算机技术的应用，设置局域网，充分应用网络在线数据采集以及通信技术，来良好有效的收集传递财务会计与管理会计两者的原始信息数据，确保数据信息的真实全面性。另外，管理人员还可以根据企业具体情况，设置有关财务信息的权限。

在现在计算机网络迅速发展的情况下，借助于计算机信息技术就会使得会计的管理职能充分得到应用，从发展的趋势来看，财务会计与管理会计将会是会计工作之中不可取代的一部分。当然，财务会计与管理会计融合并不是一蹴而就的，企业应该加强对其融合的路径探究，及时改善其中出现的问题，从而更大限度地为企业生产经营管理做出服务。

第五节 乡镇财务会计信息化应用探究

随着计算机技术的蓬勃发展，我国现有的会计信息处理方式出现了翻天覆地的变化，若是在此种背景下再采用传统的会计处理方式，其工作效率自然难有保证。本节笔者就乡镇财务会计信息化应用进行了以下探讨。

不管是何种性质的单位和企业，会计工作在其中都是不可或缺的。会计工作不仅能够掌握到单位内部所有的财务信息，而且还能对其内部的财务核算起到有效的监督作用，能有效打击单位内部的贪污腐败现象，提高工作的效率和质量。

一、乡镇财务会计信息化的内在特征及发展现状分析

财务会计信息化主要借助于计算机技术，在网络通信的现代化技术手段的辅助下，将其与乡镇财务的经营管理有机的结合在一起，因此其具有普遍性、动态性和集成性的特点。

近年来乡镇财务会计信息化发展迅猛，这与外界的社会环境具有紧密联系。现如今几乎所有的乡镇都能够满足财务会计信息化的工作条件，工作人员的信息化知识在不断加强，人员结构逐渐趋于完善，这给乡镇财务会计信息化的发展创造了良好的发展条件。但是在发展过程中因为外部因素的影响，依旧暴露出了不少的问题，这些都将成为我们今后工作的重点和难点。

二、信息化对乡镇财务会计工作所带来的影响

（一）积极影响

首先在当前信息化背景下推动财务会计信息化的应用管理能够有效提高工作人员的工作效率和工作质量，这会给会计工作的发展带来推动作用。在过去会计人员多是依靠人工的形式来对相关数据进行核算汇总，这不仅耗费了大量的人力和物力，而且其精准程度也难以确保，常常出现错算和漏算的情况。随着计算机技术的不断应用，信息化的财务管理系统开始被应用到会计工作中去，基本实现了网络化计算。这不仅能够确保财务数据的准确性和计算的高效性，而且也极大限度地降低了会计人员的工作压力，提高了工作效率。对于乡镇单位来说，其能够为相关工作的开展提供准确的数据参考，避免出现专项资金挪用、盗用的现象。其次会计信息化的不断应用能够有效降低会计工作的办公成本，在传统的财务管理中，其中的数据都需要进行反复核查，这就不可避免地消耗了大量办公用品，而会计信息化的应用则有效的解决了这样的问题。

（二）风险和挑战

当前信息化的时代背景，对财务工作者的综合素质提出了更为严苛的要求，尤其是对于乡镇基层工作部门来说。首先当前的绝大多数的数据核算都是由会计系统来操作完成，这就要求工作人员在掌握扎实的会计知识的同时，还要熟练操作计算机设备，要对会计信息化系统具有一定的应用能力。此外乡镇部门的财务工作人员要对整个单位的运作有一个清晰的认识，根据其具体的特性，分清其与普通企业在会计工作方面的重点和难点。其次信息化的时代背景虽然能够提高工作效率，但是其在数据安全方面却存在着极大的安全隐患，这与网络环境的不稳定性有着紧密联系。若是负责储存数据的电脑遭到黑客的侵袭，很容易造成重要数据的泄漏和丢失。再者有个别工作人员也常常为了一己私利做出买卖信息的事情，必然会给工作的后期进展带来一定的难度。

三、乡镇财务会计信息化的改进举措

（一）健全和落实乡镇财务内部的相关制度

完善好相关的制度准则是确保乡镇财务会计信息化的重要保证，只有确定统一规范的工作制度才能确保会计工作的正常运行。在工作中相关的管理人员要制定完善的数据保密制度，加强信息数据的安全性，以防他人随意更改和蓄意破坏。还要根据操作人员的工作内容制定相应的管理制度，提高工作人员的安全意识。此外我们不仅完善好当前现有的工作制度，而且也应该根据工作内容的具体变动有针对性地进行调整和完善。要明确财务工作人员的责任归属，对他们的工作进行监督管理。还要制定好相关的风险防控措施，以便出现突发状况时能够及时地加以应对。

（二）培养专业的高素质人才，加强财务工作者的职业培训

当前乡镇财务在发展会计信息化的过程中普遍存在着人才不足的问题，原有的财务工作者其实际能力难以满足现有的工作需求，因此乡镇财务要想发展会计信息化就应该大力培养专业的高素质人才，使其既掌握扎实的理论知识又能够熟练操作各种办公软件。

此外在完成既定工作的前提下，乡镇财务部门还应加强对财务人员的职业培训，结合工作的具体特性确定相关的培训内容，要去工作人员积极认真地学习相关的会计法规，以此来提高他们的工作能力。在工作之余还应该让他们学会计算机操作技能，掌握基本的会计工作方式，以此来适应会计信息化系统的应用。乡镇财务管理部门不同于一般的企业，其对财务工作者的职业道德提出了更高的要求，因此在培训过程中也应该向财务工作者渗透这方面的工作意识，培养他们的责任感。

（三）提高对会计工作的重视程度

在信息化背景下要想推动乡镇财务会计信息化的深入发展，必须加强对该部分工作的重视程度，认识到其对乡镇发展的意义所在。对于乡镇财务部门来说，会计工作不仅仅是对相关数据进行简单的汇总运算，其能够为乡镇工作开

展提供准确的数据参考，对居民的生产生活具有重要意义。当下乡镇财务会计工作者应该认识到这部分工作的重要性，要根据时代发展的趋势不断提高自身的综合素质，明确其对未来的发展规划。再者要充分发挥会计工作的监督作用，加强与各部门之间的交流与沟通，推动乡镇的和谐发展。

在当前信息化的时代背景下，传统的财务管理模式遭到了不小的冲击，会计信息化成为未来会计工作的发展趋势，因此我们更应该灵活把握其给会计工作带来的发展机遇。

第六节 财务共享服务的管理会计信息化

随着科学技术的不断发展，我们进入了会计云计算的时代，各种信息技术的推动，为财务工作的改革带来了机遇。当前财务共享服务中心成为了企业集中管理财务的最新应用，是当前会计信息化技术发展取得的重大成果。本节主要对财务共享与管理会计信息化进行了有效探究，希望能将二者有效的结合从而推动管理会计信息化的建设，为我国会计信息化的建设带来积极影响。

当前我们处于一个人工智能时代，大数据、移动互联网和会计云计算这些互联网技术都推动着时代的进步。它们不仅影响着我们的生活，而且也将为会计产业带来一次革命性的突破。财务共享服务中心的建设是符合时代的需求，也是企业会计信息化建设的必然要求。因为财务共享的应用可以使得企业的财务工作变得更加高效，能够为企业带来更多的效益。随着时代的发展和变迁，财务工作逐渐向管理会计转型，这需要引起我们大家的重视。将财务共享引入管理会计信息化当中，既可以推动管理会计的发展，也可以推进会计领域数字化信息化的建设。所以加强会计共享与管理会计信息化的建设，是符合企业自身要求的。

一、关于财务共享服务的概念

当前我们所共同认识的财务共享服务就是指，通过一系列及时准确梳理企业的业务流程体系，把企业财务管理中重要的工作全部都集中起来，然后通过相关的应用纳入到共同服务的板块当中，这种方式的实质其实是一种关于信息传递模式的流程改变。

当前我们处于信息化的时代，对于工作效率的要求是非常高的，所以企业的内部管理工作也要进行及时的改革和优化。相关的企业一定要对会计管理方面存在的问题及时调整。通过利用先进的计算机技术，推动现代会计管理的进步，从而实现企业的利润最大化。财务共享服务中心就是企业集中管理模式下对会计信息化进行运用，通过这一种模式可以有效解决公司财务建设中，出现的所投入的重复、工作和资金弥补效率低下的不足。企业还可以通过借助财务共享中心，使得自身企业的财务数据，能够更好地被有效利用起来，为公司的财务工作更好地服务，推动公司的健康发展。

二、关于管理会计信息化的相关含义

管理会计是源于传统会计的一个分支，它既与传统会计有紧密的联系，又与传统会计有着非常明显的区别。管理会计主要是通过对企业历史数据的有效分析，帮助企业在投资经营过程中做出更加明智的决定，从而提高企业的经营效益。而传统的财务会计主要是对已经发生的经济业务进行一个汇总和报告，所以管理会计主要是通过对历史数据的分析和业绩的有效评价，建立一个可以评估预测的模型，从而为将来经济事项进行一个预测，为公司的决策提供一个有效的参考依据。管理会计信息化则是指通过计算机信息技术的运用，更好地为管理会计进行服务，能够使得管理会计的效率更加高效。通过应用大数据互联网等信息技术手段，能够丰富企业的财务数据。

三、目前管理会计信息化建设中存在的一些问题

缺乏专业的管理会计信息化建设人才。当前会计信息化的人才严重缺乏，这严重制约了管理会计信息化的有效发展。虽然我国的信息化技术取得了突飞猛进的进步，但是，我国大多数会计人员还停留在旧的操作水平下，缺乏对信息化的实际操作和理论认识。尤其是随着大数据分析、云计算等信息化技术的运用，对于信息化专业技术的要求越来越高，更多的会计人员就达不到会计信

息化的使用要求。当前大部分的会计工作人员知识层面和工作技能都比较单一，难以满足信息化技术人才要求。

会计信息化的基础较为薄弱。由于我国会计信息化建设较晚，而且国内的大多数企业对于信息化技术的认识不足，这些企业较少地将大量资金投入到先进技术和会计业务的整合中去，他们更喜欢通过购买一些简便的新设备和技术工具就实现基础的会计信息化工作，而没有投入更多的软件和工作流程设计。这就导致很多企业的信息化建设流于表面形式，没有达到预定的效果和目的。

企业内部对控制机构的建设不完善。管理会计信息化建设工作对于会计的工作内容和形式都有一些改变。我们所知道的会计工作已经被自动化和智能化覆盖，但是由于一些企业的工作模式和相关的规章制度还没有与时俱进，这就导致企业内部控制机制的缺失，阻碍了企业管理会计信息化建设的发展。而且大多数的会计人员习惯了传统的会计工作模式，在完成工作转型时也难免会出现诸多问题，这都导致了管理会计工作进展得不理想。

四、将财务共享服务与管理会计信息化进行有效结合

主动利用大数据云计算等信息化技术。近年来，日益成熟的会计云计算互联网技术为我们带来了诸多的便利，全世界都处于一种技术变革核心性理念诞生的时代，所以企业应该与时俱进，主动利用大数据、云计算为财务共享服务与管理会计信息化的建设做基础。比如：企业可以在企业内部借助大数据平台，搭建多元化的交流平台和办公平台，实现共享计算能力与人力资源的整合，从而催发企业内部的信息化改革和进步。

积极鼓励企业员工参与到管理会计信息化的建设中来。企业的员工才是企业生产的推动力，他们起到基础作用，所以应该积极鼓励企业的员工参与到管理会计信息化的建设中来。首先要培养员工们参与管理会计信息化的意识，要定期为他们开设管理会计信息化建设的讲座，要在他们脑海中树立起正确的管理会计信息化意识；其次就是一定要通过奖励机制鼓励企业的员工参与管理会计信息化的建设，要鼓励员工参与相关的培训，努力提高自己会计信息化的技能。最后就是整合企业的所有资源，为管理会计信息化的建设提供更多的便利，从而促进企业管理会计信息化建设的顺利开展。

加强会计信息化安全保护措施。信息化时代对于互联网平台财务共享，一定要提高安全意识，既要确保财务共享平台的高效运转，也要保证共享平台数据操作的安全性。比如：可以加强操作端口的权限管理，对相关的文件进行加密，对相关的软件进行全天候的监督，防止重要的数据泄露；可以建立更加全员化的网络安全责任制，对于企业内部员工因为个人操作失误引起的数据丢失，要严格追责，强化员工的安全意识。

在信息化时代，加强企业财务管理信息化的建设十分有必要。这既需要企业提高自己的认识又需要为企业员工树立一个标准，从而高效推动管理会计信息化的建设，实现企业利润最大化的目标。

第七节 中小企业财务会计信息化建设发展

财务会计信息化是指利用现代信息技术计算机技术、网络技术、通信技术等，实行财务核算、分析、控制、决策和监督等功能，从而能够进一步实现管理数字化，并最终实现会计信息化。除此之外，财务会计信息化是中小企业会计信息化的重要内容，企业必须具备高效的财务管理运作机制和先进技术手段，从而不断提高财务水平，加快发展步伐，在激烈的市场竞争中获得发展。

作为中小企业发展过程中的重要内容，只有对财务会计信息化水平进行提升，才能够具备核心竞争力，使中小企业能够向大型企业的方向迈进。借助信息化手段能够对会计信息等相关资源进行获取、加工、传输与运用，从而为中小企业的发展提供必要的支持。总而言之，在现实情况下，财务会计信息化在中小企业中发挥的作用越来越多，而究竟该如何加强财务会计信息化建设呢？

一、企业财务会计信息化的概述

中小企业财务会计信息化，在现实情况中，有着相对稳定性的特点。具体地说，随着国内外经济的发展，我国无论是宏观经济体制还是中小企业的具体经营方式，都在一定程度上发生了变化，这也促使着人们对各方面问题的认识，开始逐渐地发展、深化，在这样的情况下，中小企业财务会计信息化，往往也可能会发生变化。但是，无论是宏观经济体制还是中小企业经营方式，其具体的变化往往都呈现着渐进的趋势，也就是说，二者只有真正地发展到了一定阶段，其才有可能发生本质的变化。而对于人们的认识而言，其在达到一个新的高度以后，也需要有一个达成共识的过程，这也才能够为大众所普遍接受。因此，我认为，中小企业财务会计信息化自身是一种人们对客观规律性的概括，因此，其在一定程度上具备稳定性。

对于中小企业财务会计信息化来说，其在一定程度上还具有层次性的特征。中小企业财务会计信息化，往往是中小企业进行整体财务会计信息化过程中的基础条件之一，同时，其本身也构成了一个系统，系统只有进行顺利地运行，才能够完善整体中小企业的结构关系。在这样的情况下，各种各样的理财，完全的构成了一个网络，而这个网络，也基本能够对各个之间的内在联系进行反应。中小企业财务会计信息化之所以存在着层次性，主要就是因为，中小企业财务会计信息化的内容和方法具有多样性，此外，它们的相互关系也存在着具体的层次性。

二、企业财务会计信息化建设的意义

对于财务会计信息化的建设来说，其主要作用是通过计算机终端进行控制，对信息进行收集、传递、审计，更能够在保存信息的基础上对其进行加工。建设财务会计信息化能够加强对信息进行处理的效率，对数据进行计算，这对于中小企业单位的财务会计工作来说，让中小企业实现市场的全面掌控，推动中小企业发展。

在竞争激烈的市场环境下，对于很多中小企业来说，信息交流处理都是十分重要的工作。加强中小企业财务会计信息化的建设，则能够较好地提高财务会计人员的工作覆盖率，为财务会计人员"减压"。

三、中小企业财务会计信息化建设发展措施

（一）预备工作的实施

在中小企业财务会计信息化建设发展措施方面，领导必须要合理的对预备工作进行开展，具体的过程中，需要对工作人员进行组织，之后根据财务会计

信息化的基本情况，得出成本方案，如果成本出现了超出的情况，那么中小企业的发展就会受到影响，会计信息化建设的实际意义也会被削减。所以相关人员必须要细致地对成本问题进行具体的考虑，由于会计信息化建设包含着多个步骤，包括硬件软件等等，所以这些费用都应该被细致地分析。在此基础上，中小企业领导者还需要适当的加强与信息系统咨询公司的联系，这一目的在于对财务会计信息化进行有备无患的建设。

中小企业有必要对现有的领导制度进行完善，之所以如此主要是因为，对于财务会计信息化的建设来说，在初期并不能够迅速地给中小企业带来效益，所以，决策者必须对未来的相关计划进行制定，树立长远发展的意识，这样有利于财务会计信息化项目计划能够合理实施，也能够间接对财务会计信息化建设的水平得到提升。

工作人员是财务会计信息化建设的主要操作者，一旦出现抵触心理，就会大大影响其效果。所以在预备工作中，领导要加强意识，积极对财务会计信息化有工作关联的工作人员进行培训，同时，对其工作思路进行转变，促进财务会计信息化的合理建设。

除此之外，相关人士还需要对资源进行整合，从而对运营管理成本进行监督。为了更好地提高中小企业财务会计信息化建设的效果，在今后的发展中，领导必须要加大对财务会计相关资源的整合力度，同时有效地对第三方服务商进行借助，为中小企业自身的信息化建设提供助力。通过这种方式，能够有效地对中小企业资源成本进行降低，对不必要的环节进行删减，对资源整合进行优化，促进中小企业更好地实现信息化转型发展。

（二）建立完善的财务会计信息化的监督管理体系

建议我国中小企业必须要加强管理，建立完善的财务会计信息化的监督管理体系。从财务管理的角度来说，其主要就是对财务会计核算的结果所提供的信息，进行进一步的深入分析、加工，对于财务管理信息而言，其可以直接地提供、支持中小企业经营管理层搞好经营决策，最终实现效益最优化。因此，管理型的财务会计信息化应用，必须要对以核算型为基础的财务会计信息，进行更高层次的分析、运用。具体地说，我国中小企业应该针对财务会计核算软件应用的规范建立相关的管理部门，优化信息化管理。除此之外，财务会计信息化工作的开展，也必须要拥有一批高水平的人才对其进行监督，另外，各种计算机设备、大量的资金也是必须要具备的条件，在这一问题上，没有领导对其进行支持，那么无疑就不能够具备这些条件，从而使得对财务会计信息化的应用成为了纸上谈兵。因此，相关中小企业领导在现实情况中必须要强化思想，深化理论，从而促进中小企业财务会计信息化发展。

（三）财务会计信息化的项目计划设定及开发

从财务会计信息化项目计划的设定及开发角度来看，其主要的任务落在了技术人员身上。技术人员必须要持续的记录相关企业数据，将中小企业的所有数据都进行整理归纳，筛选，融入到信息化平台之中。另外，中小企业技术人员还必须要对中小企业内部资料进行细致查阅，避免数据录入出现错误。

在对会计信息化系统进行开发的过程中，相关人士需要保证项目的可行性，避免开发过程因不具备可行性而中途截止，浪费资源与成本。在此之后，相关人士还需要对目前存在的问题进行解决，每发现一个问题，都相当于使财务会计信息化管理系统更完善了一些，无论是哪一个细节，都应该进行思考。

最后，上到中小企业的领导班子，下到具体的技术人员，都应该对财务会计信息化管理系统的细节进行检查，如果在这一阶段的工作中没有发现问题，那么财务会计信息化就可以融入在中小企业中，如果发现问题，就必须要推翻重做。另外，在测试环节，相关人员必须要关注对系统设备进行检测，一旦发现设备存在问题，必须要及时地进行更换、维护。

（四）保证信息安全

在加强财务会计信息化建设的基础之上，领导还必须要加强对财务会计人员的培训，主要方向就是培养他们的财务会计信息化安全意识，提升他们对财务会计信息化系统的掌握能力，同时在观念上也要对其进行改进，从而保证其能够在合理的情况下切实保护好财务会计信息系统的机密。只有如此，财务会计信息化才能够真正地得到建设。

具体地说，对中小企业自身会计信息化建设过程中的安全性进行保证十分重要。为了能够让中小企业持续的提升财务会计信息化建设水平，让自己在竞争中走得更稳更远，相关部门必须要完善制度政策，通过制度的完善方式，加大对中小企业信息化建设环境安全的保护。其中，必须要对互联网运营信息的安全程度进行提升，加强信息。除此之外，中小企业自身也要树立信息安全意识，无论是硬件手段还是软件手段，都可以进行利用，从而保护具体的信息。只有保证信息安全，对信息建设的安全性进行加强，才能持续的提升中小企业日后的发展水平。

（五）通过信息集成实现资源共享

对于企业财务会计管理工作来说，需要重视信息化系统的信息集成效果。所谓的信息集成，并不是简单的信息共享，而是需要围绕企业的具体运营数据进行管理和改进，这样可以根据业务处理范围从财务会计部门拓展到相关业务部门，并且在处理相关业务的过程中，对接会计核算掌握体系，这样可以产生针对性大数据内容，有效减少财务会计部门的实际核算量，这样可以完善当前的监督和核算，进而利用事后分析、事中控制和事前规划的措施来完善相关管理工作，转变为核算型的管理系统，需要关注企业的物力、人力和资产管理的消耗和占用状态，这样可以优化当前的资源配给，并且对接营销、人力资源、产生等等，这样可以保障相关信息的及时性和完整性，有着良好的效果。

综上所述，随着国内外经济的发展，我国无论是宏观经济体制还是中小企业的具体经营方式，都在一定程度上发生了变化，这也促使着人们对各方面问题的认识，开始逐渐地发展、深化，在这样的情况下，中小企业财务会计信息化，往往也可能会发生变化。但是，无论是宏观经济体制还是中小企业经营方式，其具体的变化往往都呈现着渐进的趋势，也就是说，二者只有真正地发展到了一定阶段，其才有可能发生本质的变化。而对于人们的认识而言，其在达到一个新的高度以后，也需要有一个达成共识的过程，这也才能够为大众所普遍地接受。我国中小企业应该针对财务会计核算软件应用的规范建立相关的管理部门，优化信息化管理。除此之外，财务会计信息化工作的开展，也必须要拥有一批高水平的人才对其进行监督。

第九章　信息化时代下财务会计工作创新

第一节　财务会计档案信息化管理建设

目前医院在会计档案信息化管理建设中，还存在诸多不足，难以充分提升会计档案管理水平，发挥信息化管理体系的优势。基于此，本节深入探究财务会计档案信息化管理建设的意义，以及加强建设的策略，为促进财务会计档案信息化管理建设提供一定参考。

信息技术近年来快速发展，并深入应用在医院财务档案管理中，对提升医院管理水平，促进医院各项管理工作顺利开展具有重要意义。但是目前我国各大医院财务会计档案管理在实现信息化建设中，还存在诸多不足，难以充分发挥信息技术在财务会计档案管理中的优势和价值。基于此，有必要深入探究财务会计档案信息化管理建设的意义，及时采取有效策略推进管理建设，逐步提升医院财务会计档案信息化管理水平。

一、财务会计档案信息化管理建设的意义

在信息技术高速发展过程中，越来越多的领域开始广泛应用信息技术，并在发挥信息技术优势的基础上，促进领域发展。医院在不断改革与发展中，也积极利用信息技术，建设信息化档案管理体系，而目前医院档案信息化程度直接影响着医院整体网络化进程。所以，医院财务会计人员需要积极推进档案信息化建设，集中收集并整理各种分散信息，利用大数据技术等对重要、有价值信息实现精准、高效地提取，为医院发展提供支持服务。虽然医院在建设信息化档案管理体系过程中，需要耗费大量人力、财力和物力，但是该信息化系统

可以长期应用,对提高财务会计档案管理效率,提升档案信息利用率具有重要价值。在医院档案管理当中,财务会计档案属于关键组成部分,在医院评估当中属于关键依据。相比其他档案,财务会计信息档案利用价值更高,它主要是对医院各方面财务工作的动态记录,对指导医院日常工作、重大决策制定等都有重要价值。因此,医院加强会计档案信息化管理,对提升医院管理水平,促进医院健康发展与改革都具有重要意义,必须加快建设。

二、财务会计档案信息化管理建设策略

(一)树立正确的建设理念

医院对财务会计档案进行信息化建设,能够促进医院整体运作效率更高,在高效处理档案信息基础上,促进医院后续档案管理工作可以更加顺利、有序地开展。医院各科室工作人员,都要充分认识财务会计档案信息化建设的重要意义,树立正确的建设观念,在日常工作中全力支持相关建设工作。医院管理层需要对财务会计档案开展信息化建设工作给予充分支持,认识到只有积极利用大数据、云计算等现代化信息技术,才能提升财务会计档案管理水平,同步促进医院整体管理水平的提升。在此基础上,要增加资金投入,加快体系建设,做好人员配备和培训,逐步提升医院档案现代化管理水平。

(二)加强基础性软件与硬件设施建设

医院通常都是以照片、纸质形式保存财务会计档案,但是在这些资料文件保存期间,需要加强温控管理,避免发生火灾,需要为档案存储营造良好环境。但是医院财务会计档案持续增多,档案资料数量越来越大,缺乏充足的档案保存空间,并且一些档案资料在长期保存中字体会逐渐消失或者变浅,不利于后续利用,难以长期保存。因此,医院在对财务会计档案实现信息化管理建设过程中,首先要为档案保存建立坚实的物质基础,充分购进硬件设备,比如计算机、存储设备、输入系统以及图像采集系统等。同时,为了能够更加安全、有效地保存档案资料,还要购入一些温控设备、湿度控制设备以及防火、防盗设备等,像除湿机、空调等。除了硬件设施,还要加强建设软件设施,引进完善的文件检索、文件录入以及文件管理系统等,并配备安全系统,以免软件系统受到网络入侵。

（三）加快实现档案数字化管理

医院要基于自身实际情况，结合档案数字化工作，制定完善的规范制度，促使档案管理有效提升数字化速度。当前所有财务档案基本上都要通过数字化形式进行存储，而以往纸质化、图片化档案信息，也要加快转录为电子文档形式，保证所有档案实现数字化管理，促进档案信息化建设。在档案信息化建设中，可以积极通过网络技术，扫描财务报告、会计凭证以及会计账簿等，将其转为电子文档，并将电子档案传输到信息化档案管理系统当中，以提升会计信息档案实际管理效率。

（四）科学地建立信息检索体系

通过管理软件进行档案信息的收集与转化之后，还要借助现代化信息技术，建立科学检索系统，为档案管理与使用人员，提供多样化的检索方式，并确保检索工具的全覆盖和准确度。在对互联网检索技术实现充分利用基础上，各个科室以及档案管理部门，可以更加高效、顺畅地通过互联网管理和调用财务会计档案，有效实现档案资源共享，发挥财务档案最大作用。

（五）对档案管理人员做好信息化培训工作

医院财务会计档案在实际管理过程中，相关工作人员不仅要扎实地掌握档案管理专业化知识，而且还要掌握一定财务管理相关理论。同时，为了高效推进财务档案信息化建设，还要求相关管理人员对多种数字化设备实现熟练操作，对多种现代化技术能够灵活运用，以更快适应信息化档案管理工作，提升档案管理成效。医院在日常管理中，需要对档案信息建设相关人员加强培训，并对此类岗位人员提高招聘门槛，对档案管理工作者做好业务培训工作，制定系统化培训制度，不断更新自身管理知识和信息操作能力，引进现代化档案管理理念，提升档案信息管理水平。在档案管理工作者逐步提升职业素质和专业技能基础上，要配合开展研讨会、座谈会等活动，促使档案管理工作者及时学习优秀的工作经验和先进技术，逐步提升自身信息化水平，促进财务会计档案信息化管理质量有效提升。

（六）建立完善的档案信息化管理制度

医院在对财务会计档案实现信息化管理的过程中，一个关键内容就是要保证管理系统具备充足的安全性，确保档案资料充分安全的基础上，才能更高效地利用档案资源，为医院其他管理工作提供服务支持。比如针对财务会计档案数据库，要制定完善的监控制度；针对重要数据，要制定严格的备份制度；对于财务档案管理，要制定相应保密制度；对于档案资源的录入，要制定有关存入制度；对于财务档案相关管理人员，要制定并深入落实岗位责任制等。为了充分发挥信息化管理体系在财务会计档案管理当中的重要作用，财务管理人员需要从多个方面入手，构建系统化档案信息化建设以及管理制度，配备完善的奖惩机制，推行责任终身制，促进财务会计档案信息化管理建设。在相关制度建设基础上，要进一步推进信息化档案管理体系建设，保障财务档案管理的完整性和安全性，进一步推进信息化管理系统建设。在信息化档案体系建设过程中，需要深入探究多方面问题，包括存储条件标准、档案分类标准等。通过信息化档案体系建设，可以推动档案管理工作有序、高效地开展。

（七）对动态数据信息加强整理和挖掘

医院财务会计档案实现信息化建设期间，需要合理优化资源配置，并对动态数据信息实现动态管理和深入挖掘。财务档案管理中，财务档案室属于数据采集源，在数字化信息数据存储、查询、传递、检索以及管理中，属于重要基地。因此，需要合理建立数据库，及时录入并管理数据信息，对隐藏信息进行深度挖掘，充分提升数据库资源的完备性。

财务会计档案信息化管理建设，能够有效提升档案管理效率，提升档案信息利用率，充分发挥档案资源价值和作用，促进医院整体管理水平的提升。为了有效促进医院健康可持续发展，需要医院积极采取有效措施，推进信息化财务档案管理建设，对现代化信息技术实现高效、合理的利用，并在管理体系建设中，提高财务档案管理质量和效率。

第二节　会计信息化对企业财务管理的影响

通过分析会计信息化对企业财务管理的影响，提出了会计信息化下企业财务管理工作的建议。

当前会计信息化在企业财务管理中应用非常广泛，在提升财务管理水平、防范财务风险等方面发挥着重要作用。在市场竞争日益激烈的今天，企业为在激烈行业竞争中占据有利地位，必须将财务管理工作放在重要位置，加快推进会计信息化建设步伐，做好监督与管理工作，积极开发更加先进的财务软件，通过创新提升财务管理效果。这样才能推动企业的快速发展，真正将会计信息化应用优势体现出来。

一、会计信息化对企业财务管理的影响分析

（一）对会计信息生成方式的影响

传统财务管理模式下，会计工作以手工记账为主，人工完成凭证的收集和编制加工。在会计信息化下，可以推动这些工作发生本质上改变，通过计算机实现自动编制，让会计人员从繁重工作中摆脱出来，保证获得更高工作效率。

（二）为企业会计信息传输带来影响

在信息传输时要借助报表实现，会计信息化下可以应用现代化通信技术，让会计信息传输更快、更精准。

（三）对企业财务管理目标的影响

在生成传统财务报表后，可以让管理者获得表面上财务情况，分析不够深入，而会计信息化有利于深入分析各类财务报表，便于企业全面掌握经营情况。

二、会计信息化下企业财务管理工作的建议

（一）转变财务管理观念

在会计信息化背景下，企业应该转变财务管理理念，加强财务风险防控管理工作，保证财务工作水平提升，增强市场竞争力。企业要结合财务管理中出现的问题，组织管理者、财务部门领导进行研讨会，将财务管理工作制度要求明确下来。要通过对财务制度、会计制度和财务政策等宣传，促使每个员工都提高责任意识，主动适应会计信息化的发展，积极推动新知识的学习，做好各环节财务管理工作，为企业的快速发展开创良好局面。

（二）优化升级企业财务信息系统

企业应该不断完善财务信息系统，提升财务管理工作水平，在会计信息化快速发展的今天，财务系统、财务软件等也快速更新，需要结合企业实际情况升级财务管理系统，让财务信息存储与管理更加安全。对会计信息化软件与财务信息系统来说，会用到很多先进的信息技术，并在数据处理、存储与核算上发挥出优势。因此，企业财务信息系统发展要考虑到各方面情况，在财务管理信息系统中运用先进技术，保证财务管理工作的效率。在财务管理信息系统中还要做到安全性，在应用权限、身份认证、资料拷贝等方面加强监管，对每个操作人员身份加以核实。企业还要对数据备份系统进行完善，设置相应的破解密码，防止其他公司恶意攻破。企业只有做好这些措施，才能在会计信息化背景下实现财务管理工作的顺利开展，推动企业经济效益不断提升。

（三）完善企业内部管理与控制模式

①在管理内容上企业要注重会计信息的完整性与安全性，在内部管控中形成完善的网络安全管理与系统安全维护系统，同时安排专人负责检查和维护硬件。要将系统使用安全规章明确下来，财务管理人员必须根据其开展工作，重要会计信息要及时拷贝和备份，做好备份管理工作，防止由于设备故障导致企业会计信息出现泄漏与丢失的问题。企业要及时安装安全软件，将防火墙与密码设置好，防止计算机被病毒、黑客入侵，为企业会计信息的安全提供可靠保障。

②企业要合理调整财务管理工作岗位,将每个财务管理人员职责确定下来,对各个岗位与工作人员的职责进行明确,让企业的员工拥有相应的内部权限,避免发生违规、越权等操作行为。如企业应用会计信息化系统的过程中,要严格区分系统维护人员与操作人员的责任与权力,其中维护人员负责定期检修系统,让系统可以高效运行,操作人员则负责财务管理方面的报表制作、数据录入等工作。③企业要不断完善管理机制和监督机制,促使审计部门将智能履行到位,加大对财务管理人员的监管力度,让财务管理工作得到全程监控,防止会计人员为了谋取私利而出现信息造假的现象。

随着会计信息化的发展与应用,在促使企业财务管理效率提升的同时,也引发了很多问题,如部分企业对会计信息化为财务管理工作带来的影响认识不充分,不利于市场竞争力的提升。对此企业要充分认识到会计信息化对财务管理工作的影响,主动出击,采取有效的应对措施,保障将会计信息化优势真正体现出来,为自身的稳定、长远发展打牢基础。

第三节 行政单位财务会计工作中的信息化

互联网信息技术以及现代化财务会计软件的应用推广,有效的提高了行政单位财务会计工作的信息化、现代化以及高效化,不仅提高行政单位财务工作水平以及工作效率,而且也为充分发挥财务会计工作对提高行政单位审查等工作的开展提供了便利。在行政事业单位的运营以及发展过程中,应该积极利用信息技术来提升财务会计工作的整体质量与效率。

财务会计工作是行政事业单位快速发展中的重要内容,科学的财务会计工作,直接关系着行政事业单位的整体发展水平,同时也关系着行政事业单位的运行成效。在信息技术全面快速发展的今天,行政事业单位在运营以及发展过程中,应该充分重视财务会计工作,同时积极顺应时代发展潮流,充分利用信息技术手段,切实提升财务会计工作的整体信息化程度,不断优化财务会计工作的整体质量。信息技术在行政事业单位会计工作中的运用,使传统的会计管理模式发生了较大的改变,同时也为传统会计管理带来改革的机遇。随着信息技术的发展，行政事业单位将先进的会计管理系统与会计应用软件引进到会计管理中，进而能够促进行政事业单位会计工作信息化的发展与完善。一方面，会计工作信息化不仅对会计人员工作具有正面的影响，而且同时对会计管理的各个部门影响也巨大。另一方面，会计工作信息化能够减轻会计人员的工作量，提升其工作效率，进而能够提高会计人员的工作质量。例如，实现会计工作信息化的构建，会使会计人员在年度报表、结算报表、进出账报表等工作中，不再那么繁琐与忙碌，同时也不必担心会计信息出错现象发生，进而能够提升会计人员工作的积极性。总之，行政事业单位会计工作信息化的构建，能够在会计管理模式与运行方式中取得较大的进步。

一、行政单位财务会计工作中信息化运用途径

伴随着信息技术的全面快速发展，我们已经步入了"互联网+"时代。在社会经济全面快速发展的过程中，行政单位发挥着重要的作用，履行着重要的职责。在行政单位的运营以及发展过程中，积极推动财务会计工作的信息化建设进程，直接关系着行政单位的整体发展水平，也关系着行政单位的整体发展成效。

（一）构建完善的内控管理体系

积极推动行政单位财务会计工作的信息化进程，应该科学建构完善系统的内控管理体系，不断加强内控管理与监督。在信息化背景下，行政单位的财务会计工作效率得到了有效的提升，财务信息的公开透明化程度也有所增加，行政事业单位财务会计的各项业务都依托于网络来科学进行。若没有一个完善系统的内控管理与监督体系，不仅影响着行政单位的财务会计工作质量，而且同时也制约着行政单位财务会计的工作效率。因此，行政单位应该积极顺应信息化时代的发展要求，科学建构完善系统的内控管理体系，不断优化内控管理的氛围，明确内控管理的职责，特别是要依托于信息技术来优化内控管理流程，确保各个部门能够及时将信息纳入到管理系统中，切实提高内控管理的整体成效。与此同时，在信息化背景下，行政单位依托于信息技术来进行财务会计工作的处理的过程中，可能滋生着一定的风险。因此，行政单位有必要建立科学

的内控管理与监督体系，有效防范与规避可能存在的风险。此外，依托于内控管理与监督，还能够提升财务会计预算管理、核算等工作的质量，及时发现财务会计中存在的主客观错误与偏差。

（二）提升财务会计人员的信息素养

在信息化背景下，行政单位在开展财务会计工作的过程中，财务会计人员的信息素养优劣与高低，直接关系着财务会计工作的开展成效。因此，行政单位应该高度重视提升会计人员的专业素养，切实提升会计人员的专业能力，不断优化会计人员的信息意识以及基本操作本领。一方面，行政单位应该积极迎合信息化时代的发展步伐，积极吸纳年轻力量来充实财务管理工作。行政单位可以采用"传帮带"的方式来切实优化财务会计人员的整体素养，通过"老带青"来发挥财务会计人员经验丰富的作用，帮助年轻财务会计人员快速成长，通过"青帮老"来引导年轻血液积极向年纪偏大的财务会计人员渗透信息化知识，帮助他们掌握基本的操作技能。另一方面，行政单位还应该建立健全人才培训体系，建构完善系统、常态长期的人才培训机制。定期组织财务会计工作人员参加财务会计、金融以及互联网信息技术等不同专业的培训活动，拓宽财务会计工作人员提升自身专业素养、职业修养以及网络素养的途径。

（三）加强财务会计信息的共享与开放

在信息时代，行政单位应该积极顺应时代发展潮流，不断转变传统的财务会计管理模式以及工作方法，充分依托于信息技术，来建构科学的财务管理信息系统，全面加强财务信息的共享与开放。一方面，行政单位应该结合自身的发展需要，积极建构科学的财务管理信息化系统，同时不断更新与增加财务管理制度的内容。另一方面，行政单位还应该积极倡导财务管理信息的公开与透明，督促财务会计人员积极利用信息技术来处理日常工作，积极将传统的纸质信息转变为电子信息，同时切实实现会计信息的共享与开放。此外，行政单位还应该主动建构信息公开机制，明确信息公开的范畴以及信息公开的途径。

在信息技术全面高速发展的今天，我们业已步入了"互联网+"时代，信息技术深刻影响人们的生产生活。在行政单位财务会计工作实践中，信息技术同样得到了充分的应用。行政单位应该充分结合财务会计信息化建设进程中存在的问题和不足,通过完善内控管理、优化人员素养,加强信息公开等,整体提升财务会计的信息化水平。信息化应用随着技术的发展得到了广泛的普及,在生活和工作中,信息化能够增加便捷性,使工作的效率得到提高。使用计算机等进行工作,能够使工作中信息处理的速度和准备性得到提升,在行政单位财务会计工作中,利用信息化技术能够使会计工作的质量得到提升,对财务的管理能够达到更加全面的作用。但是由于信息化应用在行政单位财务会计工作中还有着一些不足,导致应用的效果不理想,需要通过有效的措施加强信息化应用,使会计工作能够得到改善,使行政单位的财务会计工作发挥出更好的作用。随着信息化技术的快速发展,多种软件应用得到了大量的开发,在财务会计工作中,使用信息化软件能够使财务管理的效率提高,促进财会工作的发展。通过信息化技术的利用,财务会计工作中的结算报表能够变得更加的高效和准确,使会计工作人员的工作压力减少,同时能够使工作的质量得到提升。在行政单位财务会计工作中,由于需要处理大量的数据信息,这使会计工作增加了难度,而通过财务会计相关软件的使用,可以使会计工作人员的工作量得到减少,同时能够提高工作中数据的准确性,在各个级别管理部门的查看和审核过程中也能够更加地便捷简单,使工作人员的工作压力有效缓解,通过减少递送材料等步骤也能减少其中的成本,使行政单位财务会计工作的进度加快。因此,利用信息化软件等进行财务会计工作能够使财务部门的管理模式得到改善,使工作更加的严谨和科学,提高了整体的质量。

第四节　企业财务管理受会计信息化的影响

信息技术环境下,对财务会计管理工作提出了新的挑战。要应对这种新挑战,我们应认清会计信息化对企业财务管理各方面的影响;针对影响,要不断优化财务管理体系;要革新财务管理理念与方法;要建立科学完善的内部控制机制;做到这几方面,才能为企业的健康发展打下坚实的基础。

企业的发展壮大,离不开高质量的财务管理工作,作为财务管理之最核心内容的会计,正搭乘信息技术的快车,获得了高速的发展。但另一方面来看,信息技术引入财务会计，一定程度上增加了财务管理的难度和挑战性。所以，研究企业中的财务会计信息化导致的影响，能让企业经营活动更加具有竞争力，使企业在更快、更稳的道路上不断发展壮大。

一、会计信息化对企业财务管理各方面的影响

（一）对会计核算与资金流转的影响

会计工作进入信息化的时代，使企业的财务管理产生巨大的变革。其一，会计的信息化对会计服务的主体会产生一定的影响，比如某些网络商店的出现；其二，会计的信息化亦会对会计分期产生一定的影响；其三，会计的信息化使现金流转的方式出现重大变化，由实体现金流逐渐转变为网络虚拟现金流。不难发现，传统的财务会计管理的模式已经不能适应现代企业对财务管理提出的新要求。与信息技术改变人类的生活习惯一样，会计信息化的发展也快速地改变了财务人员的理念与行为。比如，传统的企业间现金交易逐渐减少，资金结算更多采用微信或支付宝等方式进行转账，这类新型的资金流转方式通过网络即时完成，使资金流转更快，交易更便捷，交易更安全。

（二）会计信息化影响会计的传统功能

传统的会计工作，企业的财务会计工作者主要是通过对企业经营事项进行确认、计量、记录，期末会计工作者将会计报表呈报领导进行审阅。企业管理者通过财务报表了解企业的经营情况及资金流转情况，并依据对报表数据的分析调整企业的经营策略等。信息技术支持下的会计工作，不再是简单的财务报表制作，财务人员借助信息技术对数据之间的逻辑关联进行自动分析，从而挖掘出有利于管理者科学决策的有价值信息。随着各类功能更强大的会计电算化软件的出现，会计工作的效率显著提高。会计人员已从繁琐的核算工作中解放出来，更多的是进行财务数据的分析与利用。由于网络技术的飞速发展，会计信息分析的结果，通常能在第一时间传递到管理层，保证了会计信息的使用价值，有利于企业经营的即时监控调整，一定程度上可以避免出现各类财务及经营风险。

二、针对会计信息化的影响，企业财务管理的应对之策

（一）不断优化财务管理体系

财务管理的目标，就是管好企业经营发展所需要的各类资源，为企业的发展提供充分的后勤保障。怎样管好企业的钱，管好企业的物，使钱和物尽其用，发挥最大的功能，为企业创造出利润呢？首先，财务管理人员要严格对进出的资金流进行监控。企业工作人员提出资金需求时，应当具备真实完备的手续，要坚持严格监督，做到资金的合理科学使用。现阶段，企业财务管理由于信息化技术的引入，审核、检查的环节已经由"线下"慢慢过渡到"线上"，当面审批等变成网络审核，这种转变能够加快资金的审批速度，确保了资金的使用时效。值得注意的是，会计监督的网络化也存在一定的安全风险，财务管理部门应当与信息技术安全部门紧密配合，以提高财务管理工作的安全性，避免出现信息技术环境下新的财务风险。

信息技术环境下，财务会计管理内容的重点也应当合理转移。一是利用信息化技术可以更加方便地监控财务风险，财务人员应当熟练掌握信息化环境下财务预测与评估的技术，帮助企业降低财务风险。二是将传统的会计记账工作进一步转移到对信息技术的依赖上，提升核算的速度和准确度，减少人工核算可能出现的差错。三是在财务管理系统中充分结合现代网络通信技术，加快对财务信息的利用，保障企业管理的及时性和有效性。

（二）革新财务管理者的理念与方法

传统的企业财务管理，相对而言更重视"物"的管理，对人的管理处于次要地位。以"物"为中心的传统财务管理理念已经过时，在信息时代这种理念已经严重束缚了企业的发展。所以，现代企业已经由"物"为中心，变成"物"和"人"的管理并重。

信息技术下，如何把人管理好，是现代财务管理成败的关键。首先，现代企业财务管理采用"以人为本"的理念进行人才的管理，重视发挥人的主观能动性。要制定出科学合理的激励制度，对财务管理人员进行"物质"和"精神"的双重激励，驱动他们努力为企业而工作。其次，财务管理者应当重视对会计

人员进行信息技术的培训，让会计人员熟练而准确地运用信息技术开展会计工作，从而保障财务管理工作实现优质高效。再次，财务管理者也应当重视专业信息技术人才的在财务管理系统中的配置，要让信息技术人才懂财务，让会计人才懂信息技术，进而培养出适合企业需要的"复合型"人才。

（三）建立科学完备的企业内部控制机制

企业管理必须要有适当的内部控制机制，所以，建立完善的内部控制制度对企业的健康发展非常重要。应该用制度来规范人、控制人的行为，即所谓的"法治"；千万不可循人情，实行"人治"的管理办法。须知，人都有利己的天性，完全靠道德的约束是不能管理好企业的。企业的资金，哪怕再小、再少，都要完全按照严格的财经程序进行流转监督，否则，企业的财务管理很可能形成各种漏洞，给一些人以可乘之机，使他们变相的追求利益，从而使企业蒙受损失。所以，科学的财务管理，完善的内部控制机制，是信息技术环境下财务管理应当重点关注和解决的问题，解决这些问题才能保障企业走在可持续发展的道路上。

总之，信息技术环境下，对财务会计管理工作提出了新的挑战。要应对这种新挑战，我们应认清会计信息化对企业财务管理各方面的影响；针对这些影响，要不断优化财务管理体系；要革新财务管理理念与方法；要建立科学完善的内部控制机制；做到这几方面，才能为企业的健康发展打下坚实的基础。

第五节　信息化环境下财务会计改革

当今社会，信息化大幅发展，信息化程度不断加深，逐步影响社会生活的方方面面。很多行业发展的重点都转而基于信息化改革的基础，那么对于财务会计的进一步改革，信息也承担了至关重要的作用。我们也应该看到，伴随着信息化的快速发展，为企业发展提供了诸多便利，但是信息化也给财务会计的发展带来了负面问题，本节主要是衡量信息化环境下，财务会计面临的困难，并为财务会计的改革提供方向，更好地发挥信息化对财务会计的推动作用。

在过去，传统的财务会计理论基础的建立都是从当时的经济环境中成立的，而且很大一部分是与工业时代的经济环境息息相关的。但是在分析过程中一定要把决策、控制和分析进行渗透，才可以实现目标。而且还要从会计到管理、监督和协调，实现转型。在现代发展的基础上，它是互联网的增强版本，同时这也是非常复杂的计算过程。可以想象一下如果在企业的财务核算中运用信息化技术的话，也会对信息化发展提供推动力。

一、信息化环境下会计目标及会计信息质量特征

（一）网络信息时代的会计目标

目前来看，对于很多使用会计信息的人来说，他们最需要的信息应该具有及时、相关、可靠的特征。在现如今这个网络信息急速发展的时代，如果可以通过网络技术获得相应的支持，再通过需求来制定当前的发展目标，做出相应的决策，可以做到事半功倍。站在信息使用者的角度看问题，目前很多企业在发展过程中，一些宏观和微观条件都已经发生了很大的改变。这种变化通常情况比较复杂，同时还极大地影响了企业所面临的诸多问题，这就要求企业一定要抓住问题精髓，及时解决问题，真正做到根据因素的变化，随时进行修改做出的各项决定。如果网络信息技术的发展可以提供保障，同时还可以满足企业复杂的、全面的和实时的信息需求的话，那么对于企业的内部信息使用者来说，他们就可以根据会计信息系统提供的会计信息，做出有效的决策。这样可以更好地降低企业的经营风险，保证企业的良性运转。

（二）网络信息时代的会计信息质量特征

从当前发展状况来看，网络信息时代在会计信息质量特征上体现出的就是在会计信息方面进行的提高。而且在目前的网络环境下，企业信息系统呈现出的一个特性就是高度集成。所以由此也可以看出会计信息的安全性、相关性、可靠性是特别重要的。因为目前会计信息的生产、存储、保管、传输一般都是在网上进行的，很少会以纸质的形式存在。但是在网络运行过程中，具有很多威胁到安全的因素，而且一旦发生问题，那么造成的后果是难以想象的。对于用户来说，基础质量也是需要重视的，要保证信息具有一定的可理解性，同时在可支持性方面也要得到保障，这样可以根据用户的自身需要，得到需要的那部分会计信息。这一方面一般都是从总体质量方面来说。信息化不仅是针对财

务工作者的，而且同时对于投资者、债权人来说也是非常重要的，它可以快速的为使用者提供一些有用的会计信息。而且更大的益处是可以向管理者提供信息，以此来对其进行整合，及时做出相应的决策调整，防止出现问题。对于关键质量的构成部分一般来说都是具有可靠性，或者是交互作用的质量方面。除了这些以外，还会有谨慎性、反映真实性等，与此同时虽然安全性、中立性和可控性指标看起来不太重要，但是还是需要关注的，因为它可以更好的保证信息产品在使用过程中没有潜在的问题。

二、信息化环境下财务会计改革中出现的问题

（一）传统从业人员的信息化素质不高

传统从业人员对于信息化大环境了解不深，改革要从基层工作人员下手。这种问题出现的主要原因就是很多员工面对快速发展的信息化技术，接受能力差，又不积极主动学习，思想还停留在传统的会计结构中。这样会在很大程度上影响新技术在财务会计工作中的应用和推广。

（二）信息化增大了财务会计管理的风险性

信息化技术是从根本上来说其实就是一种互联网技术，或者是由此进行改变而来的，互联网最大的优势就是信息化、数字化，所以从某种程度上来说，互联网技术与信息化技术息息相关。如果互联网安全受到影响，那么使用信息化技术的部门也会相应地受到一定的影响。目前对互联网安全造成威胁的主要来自两个不稳定因素：病毒与黑客，这也正是信息化环境自身的危险性所在。一旦病毒或者黑客突破互联网防火墙进入公司内部系统，企业自身的安全必然无法得到保障。

（三）系统的信息化财务会计管理体系还没有建立

尽管信息化建设已经进行了较长一段时间，但是一个系统的、相对来说比较完善的信息化环境还没有建造出来。企业在进行财务会计管理的过程中，往往只在基础的方面进行了参考，而没有把信息化技术融入到整个会计行业的建设体系中，缺少整体的把握与规划，没有明确的工作方向，这样无法促进现代

化的财务会计改革顺利进行。从整体来看，财务会计的改革并没有自上而下、由表及里地形成一个良好的系统。

三、信息化环境下财务会计的改革方向

（一）现有会计业务流程的变革

会计业务流程是为实现会计目标服务的，其与会计所依赖的技术手段一起成为会计目标的实现途径。在网络信息环境下，原有的技术手段和会计业务流程，无法满足会计信息使用者日益增长的对会计信息质量和形式的需求，这也是目前的原始成本会计模式受到批评和责难的原因所在。

分工需要将某个过程分解为特定的个体操作，并认为管理活动的重点是提高个体操作的效率。然而，这种所谓的详细的组织结构也导致了各个子系统之间的相对分离形成了独特的"孤岛"现象。

（二）会计业务流程重组的策略和方法

现有的会计业务流程将是新业务流程中的子流程，即实施管理方面，实现责任分工制。原始成本会计仍然是新流程的重要组成部分，但并非全部。因此，会计业务流程的重组是一个剔除部分不好的过程，实现整个过程的重大突破。在以电子商务为主要运营模式的网络信息环境中，由于网络技术的发展，企业交易过程在网上进行。因此，这些经济交易基于各种电子文档，并且在传递给公司过程中可以毫不拖延地延迟网络。

（三）企业要健全信息化的安全体系

当前对于信息化主要具有的优势就是有安全性和可靠性，这也是为什么他们会选择进行升级会计信息系统的一项根本原因。但是现如今科技的不断发展，信息化这个时代逐渐衍生出很多新型的东西，而且这些产品无论是在安全性和可靠性方面都是具有很大的空间，更加符合当前发展的需要。首先，权限设置，信息化会计信息平台，设置人在不同级别的权限，从根源提高安全。同时还可以对于将储存在服务器上的数据进行特殊加密，加密的结果只能是由少部分人掌握，或者是由领导掌握，这样才可以更好地做到防止数据信息泄露，危害公共安全。

（四）进行个性化服务

对于一些企业来说，特别是对一些中小型的企业来讲，在进行信息化的发展过程中，经常会有一些业务模块没有太多的实际效果。特别是对于一些大型或跨区域企业来说，他们具有很多不同的分支机构，但是这些机构分属于不同的地区，每个区域的实际情况都有不同。对于会计信息化建设来说，在对信息化的应用程序设计过程中，可以通过企业的不同情况进行设计，使得其服务模块符合地区的发展需要。同时还可以实现每家企业都有自己的个性化服务，都是与众不同的。

（五）加强专业素质，培养专业人才

想要把信息化水平提高到一定高度，首先就是需要对信息化当前的环境进行改善。最根本的就是从业者的素质，这在任何行业中都是非常重要的，一定要坚持以人为本。要从根本上改变财务会计的思想意识，让他们可以看到信息化改革的重要性，同时也要让他们更多地享受信息化技术带来的便利。在招募新员工方面，争取招募到更多的优秀的人才。

（六）提高网络防御能力，重视网络安全

实现信息化其自身关键之处就是对网络安全进行维护，对于构建财务会计管理信息化环境是更为重要的。换句话说，如果企业想更好地利用信息技术带来更大的经济效益自己，他们必须从根本上维护网络安全。同时也要从技术上入手，组织专业的团队，加强网络防护，针对可能出现的不同问题事先提出不同的应急方案，以避免危险事件突然发生时束手无策。

（七）多方共同努力，建立完善的信息化管理制度

目前很多机构的主要目的就是想要建立一个合理的、完善的财务会计信息化大环境。这种环境的建立除了必要的人才支持与技术支持外，也需要大家一起共同努力。在国家层面，要尽早完善相关法律法规，给整个行业制定准则，提供标准，从大的角度把握好整体方向。从企业的角度来说，一定要严格遵守相关的法律法规，同时也要厘清自己的发展状况，根据自身的发展状态，从实际出发，制定出符合实际情况的规章制度。

总而言之，信息化技术如果可以达到持续发展的状态的话，对于企业的财务会计工作来说将会非常快捷高效。但在实际操作过程中，由于它包括很多方面的内容，例如像人才、技术、体制等，所以难以兼顾到每一方面，出现问题的情况也是非常有可能的。我们还必须从一个大的角度开始，有一个全球性的概念。提高顶部的相关规章制度制定，为企业信息化改造提供良好的土壤。目前经济得到快速的发展，过去的手工核算方法已经不能满足当前的发展了，只有在信息化环境下，提升企业应用信息化的能力转而对财务会计进行改革，才更有利于做出有利决策，帮助企业实现长远规范发展。

参考文献

[1] 刘广贵. 智能财务背景下企业财务风险分析及管控策略 [J]. 财会学习, 2023(28): 37-39.

[2] 卢阳. 人工智能在企业财务管理中的应用 [J]. 天津经济, 2023(09): 36-38.

[3] 龙翠平. 试析智能财务对企业数字化转型作用 [J]. 商讯, 2023(10): 36-39.

[4] 王建强. 基于区块链技术的企业智能财务系统构建分析 [J]. 冶金管理, 2023(09): 107-109.

[5] 杨俊玲. 人工智能背景下企业智慧财务管理体系构建思考 [J]. 金融客, 2023(05): 72-74.

[6] 蒋晓燕. 数字经济时代企业智能财务管理生态系统的构建 [J]. 现代企业文化, 2023(14): 17-20.

[7] 杨巧. 数字化经济背景下企业财务智能化转型研究 [J]. 财经界, 2023(14): 120-122.

[8] 靳霞. 企业智能财务转型的方向与路径 [J]. 财务与会计, 2023(09): 64-65.

[9] 吴凤菊, 陶思奇. "大智移云"背景下高校智能财务人才培养模式研究 [J]. 会计师, 2023(07): 134-136.

[10] 刘永涛, 夏菀, 曹菲等. 浅析 AI 背景下智能财务共享的融合与发展 [J]. 商展经济, 2022(23): 137-139.

[11] 王晓宇. 依托 ERP 系统提升企业财务管理智慧化水平的方案研究 [J]. 质量与市场, 2022(23): 7-9.

[12] 温丽萍. 浅析财务转型与智能财务共享在企业管理中的应用 [J]. 中国

总会计师, 2022(11): 125-127.

[13] 田高良, 张晓涛. 数字经济时代智能财务基本框架与发展模式研究 [J]. 财会月刊, 2022(20): 18-23.

[14] 刘光强, 卫静静, 祁邈. 基于"区块链+"数字技能的智能管理会计研究 [J]. 商业会计, 2022(16): 36-46.

[15] 李淼. 数字经济下智能财务体系构建分析 [J]. 中国集体经济, 2022(23): 136-138.

[16] 田高良, 张晓涛. 论数字经济时代智能财务赋能价值创造 [J]. 财会月刊, 2022 (18): 18-24.

[17] 刘荣全. 试析智能化信息技术对企业财务管理的影响 [J]. 中国管理信息化, 2022, 25 (10): 65-67.

[18] 刘莉. 智能财务与会计职能转变 [J]. 新会计, 2022(05): 23-26.

[19] 杨东. 智能财务的顶层设计与技术方法应用——以 G 公司为例 [J]. 现代商业, 2022(13): 187-189.

[20] 那晓红. 基于数据挖掘的智慧财务决策支持方法设计及应用 [J]. 中国总会计师, 2022(04): 36-40.

[21] 刘彦. 人工智能背景下财务管理向管理会计转型面临的挑战和对策探析 [J]. 质量与市场, 2022(08): 34-36.

[22] 陶晶. 基于 KANO 模型的智能记账机器人产品设计研究 [J]. 设计, 2022, 35 (01): 113-115.

[23] 郝海霞. RPA 财务机器人在企业财务智能化转型中的应用 [J]. 南方农机, 2021, 52 (24): 163-165.

[24] 周珊. 业财融合下智能财务管理探讨 [J]. 办公室业务, 2021(24): 67-68.